中国企业管理科学基金会
·特别支持·

新实践 新动能

中国企业管理创新年度报告

2022

中国企业联合会 编著

企业管理出版社
ENTERPRISE MANAGEMENT PUBLISHING HOUSE

图书在版编目（CIP）数据

新实践　新动能：中国企业管理创新年度报告. 2022 / 中国企业联合会编著. —北京：企业管理出版社，2022.12

ISBN 978-7-5164-2785-9

Ⅰ.①新⋯　Ⅱ.①中⋯　Ⅲ.①企业管理—研究报告—中国—2022　Ⅳ.① F279.23

中国国家版本馆 CIP 数据核字（2023）第 016721 号

书　　名：	新实践　新动能：中国企业管理创新年度报告（2022）
书　　号：	ISBN 978-7-5164-2785-9
作　　者：	中国企业联合会
责任编辑：	徐金凤　黄爽　宋可力　田天
出版发行：	企业管理出版社
经　　销：	新华书店
地　　址：	北京市海淀区紫竹院南路 17 号　　　邮　编：100048
网　　址：	http://www.emph.cn　　　电子信箱：emph001@163.com
电　　话：	编辑部（010）68701638　　　发行部（010）68701816
印　　刷：	北京虎彩文化传播有限公司
版　　次：	2022 年 12 月第 1 版
印　　次：	2022 年 12 月第 1 次印刷
开　　本：	787mm×1092mm　1/16
印　　张：	14.5 印张
字　　数：	220 千字
定　　价：	120.00 元

版权所有　翻印必究　·　印装有误　负责调换

编委会

主　编
朱宏任　中国企业联合会、中国企业家协会党委书记、常务副会长兼秘书长

常务副主编
史向辉　中国企业联合会、中国企业家协会党委委员、常务副秘书长

副主编
张文彬　中国企业联合会企业创新工作部主任
王　毅　教育部人文社会科学重点研究基地清华大学技术创新研究中心副主任
魏秀丽　北方工业大学经济管理学院副教授
赵剑波　中国社会科学院工业经济研究所副研究员
成方舟　北京知本创业管理咨询有限公司国企治理管控研究院副院长

编　委
范　蕾　中国船舶集团有限公司综合技术经济研究院
梁　康　中国船舶集团有限公司综合技术经济研究院
安海涛　国家国防科技工业局信息中心
吴　琼　中国兵器工业集团人才研究中心
张　彤　中国兵器工业集团人才研究中心
刘云天　中国兵器工业集团人才研究中心
李　维　中国兵器工业集团人才研究中心
霍煜杰　北京知本创业管理咨询有限公司
周　蕊　中国企业联合会企业创新工作部

杜巧男	中国企业联合会企业创新工作部
常　杉	中国企业联合会企业创新工作部
张　倩	中国企业联合会企业创新工作部
崔　奇	中国企业联合会企业创新工作部
林晓寒	中国企业联合会企业创新工作部
安　妍	中国社会科学院大学研究生院（硕士研究生）
侯　成	中国社会科学院大学研究生院（硕士研究生）
孙亚楠	中国社会科学院大学研究生院（硕士研究生）
王　亮	中国社会科学院大学研究生院（硕士研究生）
杜　双	北方工业大学经济管理学院（硕士研究生）

序 | PREFACE

当前，全面建设社会主义现代化国家的伟大征程进入开局起步的关键时期。党的二十大提出："从现在起，中国共产党的中心任务就是团结带领全国各族人民全面建成社会主义现代化强国、实现第二个百年奋斗目标，以中国式现代化全面推进中华民族伟大复兴。"作为社会主义现代化国家建设主体的中国企业，要通过管理创新集聚持续发展的强劲动力，就要全面学习贯彻落实党的二十大精神，深刻把握中国式现代化的重要内涵，坚持走中国特色企业管理创新道路，为国家强大民族复兴提供有力支撑。

推进中国式现代化，是中国共产党对经济社会发展规律认识的集中体现，也是中国企业总结管理创新经验、展望未来的基本遵循。企业和企业家在管理创新方面的大量卓越实践，要努力从构建新发展格局、推动高质量发展的中国式现代化的视角，加以新的审视与体验。党的二十大报告中关于"加快建设现代化经济体系，着力提高全要素生产率"的要求，以及"完善中国特色现代企业制度，弘扬企业家精神，加快建设世界一流企业""推动国有企业做强做优做大""促进民营经济发展壮大""支持中小微企业发展"的一系列论述，要在新时期企业发展中给以充分重视，也要成为审定企业管理创新成果的标尺，在支撑全国发展大局中展现更大作为。

"中国式现代化"凝聚了成千上万中国企业家拼搏奋斗的汗水，管理创新成果是其中不可或缺的组成部分。广大企业深深认识到，管理是企业发展的永恒主题，创新是引领发展的第一动力。在学习世界各国企业管理先进经验的同时，一定要以我为主，坚持靠创新育先机，靠创新开新局，步步为营，全面发展，加快培育新时代中国企业的管理创新体系。越来越多的中国企业决心通过集聚创新要素，打造管理创新体系，用好集成创新和消化吸收再创新，提升原始创新能力，畅通成果转化通道，努力让更多"创新之花"结出"产业之果"，勇当管理创新的开路先锋。

中国特色的企业管理创新是中国式现代化的重要组成部分。改革开放以后，随着社会主义市场经济体制的确立与完善，中国企业的管理创新逐步走向世界，既有先进市场经济国家企业现代化的共同特征，更有基于中国现代化国情的鲜明特色。以任正非、张瑞敏、宋志平、宁高宁等为代表的一大批中国优秀企业家，孜孜以求地在企业管理创新园地上耕耘，形成了具有中国特色的企业管理创新之道，不但成为更多中国企业家的学习样板，而且为世界企业管理科学做出重要贡献。中国企业联合会连续29届组织审定的4240项全国企业管理现代化创新成果，就是我国企业管理创新实践优秀经验的集中展示。

中国式现代化的前景无限光明，企业管理创新的路径愈发清晰。当前，深入贯彻落实党的二十大精神，要随着中国式现代化的稳步推进，立足中国国情，扎根中国大地，在全面参与建设社会主义现代化强国的伟大实践中，积极拓展管理创新的新领域和发展新路径，加大力度，聚焦工作重点，加快培育形成具有中国特色的企业管理新模式。

第一，加强管理创新，需要着力企业的整体发展。企业兴则产业兴，产业兴则经济兴。贯彻落实推进中国式现代化的战略部署，建设现代化经济体系，必须以企业为依托，坚持产业基础高级化和产业链现代化，加快转型升级步伐，打造整体安全、稳定可靠、竞争力强的产业链供应链。坚持高端引领、龙头带动，优化产业生态，培育壮大新兴产业，改造提升传统产业，向着价值链中高端稳步迈进。

第二，加强管理创新，需要着力现代化经济体系建设。要更加强调将企业管理创新的视角扩展到现代化经济体系的全领域。将制造业企业的战略定位与"产业基础再造"紧密结合，夯实制造业发展基础。围绕核心基础零部件（元器件）、关键基础材料、基础软件、先进基础工艺、产业技术基础等工业"五基"方向，用好现代管理工具和方法，制定工业强基任务表，绘制新型材料、先进装备、集成电路、智能家电、新能源汽车等产业链升级路线图、施工图。实施制造业创新能力提升工程，创建省级、国家级制造业创新中心，聚焦前沿领域、重点产业和关键核心技术，汇集各类创新资源，通过掌握"卡脖子技术"、占据"头部领域"，掌握竞争主动权。

第三，加强管理创新，需要着力提高全要素生产率。经济学和企业管理科学中，把生产要素贡献之外的那部分增长源泉归结为全要素生产率的提高，因此，可以把全要素生产率看作要素投入转化为产出的总体效率，决定着经济内涵型发展程度和潜在增长率高低，其本质是技术、人才等要素质量和资源配置效率。对今天企业加强管理创新来说，着力提高全要素生产率被放在更加重要的位置上，围绕制造业提质扩量增效，持续发挥改革牵引作用，聚焦土地、资金、用能、创新等要素，推动市场化配置，大力培养、引入可以面对重大科学技术挑战的人才，持续加大基础科研的投入和加快科研成果的转化。与此同时，应在管理创新中把弘扬企业家精神也当作全要素生产率中的重要部分加以强调，企业要通过弘扬优秀企业家精神，形成加快发展中的最生动的力量。

第四，加强管理创新，需要着力用好数智化技术与手段。发挥管理创新的基础性作用，要根据产业特点，将数字化、网络化、智能化作为主要手段导入广大企业，以管理创新加强整体架构设计，利用5G工业互联网形成的强大保障能力，以敏捷传感器提取每一生产节点的数字信息，通过数字平台提供更加灵巧、快捷、精准的保障服务，"一站式"解决企业问题，为企业生产经营提供可靠的管理支撑。

第五，加强管理创新，需要着力推进"双碳"目标的实现。以绿色成为企业管理创新的首要任务。绿色发展注重的是解决人与自然和谐共生问题。现阶段我国资源约束趋紧，环境污染时有发生、生态系统退化的问题十分严峻，企业责任首当其冲。管理创新要着力转变发展方式，使人与自然的和谐共生成为发展第一原则。企业必须坚持生态环境保护和经济发展辩证统一，把牢"绿水青山就是金山银山"的理念，守住自然生态安全边界，改善环境质量，提升生态系统质量和稳定性，支持绿色技术创新和管理创新，推进清洁生产模式，降低碳排放强度，实施碳排放权市场化交易。

第六，加强管理创新，需要着力以开放加快企业内外联动。企业管理创新注重的是解决发展内外联动问题。现阶段，广大企业对外开放水平总体上有待提高，迫切需要以管理创新提升用好国际国内两个市场、两种资源的能力，提高应对国际经贸摩擦、争取国际经济话语权的能力。因此，必须增强企业管理创新的主动性和积极性，全盘考虑和统筹把握国内国际两个大局，加快构建以国内大循环为主体、国内国际双循环相互促进的新发展格局。认真总结管理创新的成果与实践，稳步扩大规则、规制、管理、标准等制度型开放。推动企业以管理创新促进与相关国家企业共建"一带一路"，构筑互利共赢的产业链、供应链合作体系。

第七，加强管理创新，需要着力以共享实现企业共富使命。共享发展注重的是解决社会公平正义问题。全体人民共同富裕，是中国企业管理创新的重要使命，不仅是经济问题，而且是重大政治问题。企业需要通过管理创新，坚持共享发展，坚持以人民为中心的发展思想，扎实推动共同富裕。企业要努力建设体现效率、促进公平的管理体系，关注初次分配、再分配、三次分配协调配套的基础性制度安排，用好税收、社保、转移支付等调节手段，促进社会公平正义。

第八，加强管理创新，需要着力打造专精特新企业队伍。中小企业是市场经济

序

最为重要的微观基础。最为深厚的发展潜力和强劲的发展动力都是来自广大市场主体，特别是中小企业。目前，我国已累计培育专精特新中小企业 7 万多家、"小巨人"企业 8997 家、制造业单项冠军企业 1186 家。通过管理创新构建覆盖企业成长全生命周期的培育体系，强化"双创"载体建设，将会确保专精特新"小巨人"企业真正成为创新能力突出、核心技术具备、细分市场占有率高、质量效益好的优质中小企业；并将进一步有力推进提升更多中小企业的创新力、竞争力和专业化水平。

自 2018 年以来，中国企业联合会在工业和信息化部产业政策与法规司的大力支持和指导下，持续开展"中国企业管理创新年度报告"的研究和编写工作。《新实践 新动能：中国企业管理创新年度报告（2022）》就是该项工作的延续。本报告进一步丰富了内容，在总报告的基础上，根据第 28 届全国企业管理现代化创新成果的主要特点，增加了企业技术创新管理、企业人力资源管理和中国特色现代企业治理三个专题报告，期望进一步深入分析和展示当前我国企业在重点管理领域的最新创新实践经验。

2023 年是全面贯彻落实党的二十大精神的开局之年，是全面实施"十四五"规划的关键一年。2022 年年底召开的中央经济工作会议对 2023 年经济工作做出全面部署，对企业改革发展提出新要求。希望本报告能够为广大企业全面学习贯彻落实党的二十大精神和中央经济工作会议部署，全面开创高质量发展新征程提供帮助。

是为序！

中国企业联合会、中国企业家协会党委书记、常务副会长兼秘书长　朱宏任
2023 年 2 月

目 录 | CONTENTS

第一章

总报告 / 001

第一节　第 28 届申报企业总体情况　/ 003

第二节　企业管理创新背景　/ 010

第三节　企业管理创新主要领域　/ 022

第四节　企业管理创新建议　/ 066

第二章

企业技术创新管理专题报告 / 069

第一节　打造国家战略科技力量：响应国家战略需求，实施国家重大科技攻关管理　/ 072

第二节　打造原创技术策源地：努力构建原创技术创新链　/ 081

第三节　突破"卡脖子"技术：探索用户主导的创新管理模式　/ 087

第四节　复杂产品系统创新：以系统观念构建多维度协同创新管理模式　/ 095

第五节　响应数字化浪潮：以产品数字模型为核心开展技术创新管理　/ 103

第六节　企业技术创新管理建议　/ 109

第三章

企业人力资源管理专题报告 / 113

第一节　构建高竞争力的人才战略：从支撑战略实施转向人才引领发展 / 115

第二节　提升人员配置效能：从静态配置转向市场化动态配置 / 124

第三节　推进绩效薪酬改革：从岗位付薪转向价值贡献付薪 / 130

第四节　畅通职业发展渠道：从纵向晋升转向纵横贯通发展 / 139

第五节　提升人才队伍能力：从个体先进迈向群体先进 / 147

第六节　数智赋能：从经验驱动转向数据驱动 / 154

第七节　企业人力资源管理建议 / 159

第四章

中国特色现代企业治理专题报告 / 163

第一节　中国特色现代企业治理的产生与发展 / 165

第二节　适应国资监管新要求：探索"管资本"的基本模式、关键要素和重点手段，创造国企治理新局面 / 171

第三节　从股权治理高度推进混合所有制改革："混""改"结合推进国企治理能力提升 / 180

第四节　加强党的领导：以法治化为基础，以精细化为方向实现党建全面融入国有企业治理 / 187

第五节 完善企业治理结构：加强董事会建设，落实董事会职权治理提升 / 192

第六节 开展授权经营：优化责任管理、强化权责授权服务治理提升 / 198

第七节 深化内部市场化改革：以人为本聚焦内部机制改革，强化激励配套各项改革措施，着力解决三项制度问题 / 201

第八节 提升市场化经营能力：对标一流面对市场竞争，创新发展聚焦高端价值环节 / 205

第九节 中国特色现代企业治理建议 / 210

后　记 / 216

第一章

总报告

第一节　第28届申报企业总体情况

第二节　企业管理创新背景

第三节　企业管理创新主要领域

第四节　企业管理创新建议

2021年全国企业管理现代化创新成果审定委员会组织开展了第28届全国企业管理现代化创新成果的申报、推荐与审定工作，共受理111家推荐单位推荐或直接申报的管理创新成果材料698项，比上年增加141项。此外，还额外增加了66项中小企业创新样本。通过对申报材料进行文本分析，形成了本书的总报告部分。总报告主要分为第28届申报企业总体情况、企业管理创新背景、企业管理创新主要领域和企业管理创新建议四大部分。

第一节

第 28 届申报企业总体情况

一、区域分布：华东华北企业数量较多

第 28 届管理创新成果申报企业分布广泛，全国 30 个省、自治区、直辖市及大连、青岛、宁波、厦门、深圳 5 个计划单列市均有企业申报。从区域分布看，申报企业中有 29.30% 来自华东地区，较 2020 年增长 4.54 个百分点；28.43% 来自华北地区，较 2020 年下降 4.84 个百分点；10.64% 来自西北地区，较 2020 年增长 5.91 个百分点；9.91% 来自华中地区，较 2020 年下降 9.18 个百分点；9.04% 来自西南地区，较 2020 年增长 1.67 个百分点；华南地区和东北地区的申报企业分别占比 7.14% 和 5.54%，较 2020 年无大的变化（见图 1-1）。

二、所有制属性：国有企业积极性较高

2021 年，国有企业参与申报的积极性较高，国家电网等 50 多家中央企业和中国 500 强企业申报或推荐了管理创新成果，其中 22 家央企总部直接申报了成果。从所有制属性看，国有企业占比 49.85%，约占申报企业总数的一半。国有控股企业占比 37.90%，民营及股份制企业占比 8.45%，外资及合资企业占比 1.02%（见图 1-2）。

图 1-1 申报企业的区域分布

虽然申报单位几乎包括在我国工商行政管理部门注册的各个行业、各种所有制、各种规模的企业，但是受历史因素的影响，在698项申报材料中，国有资本相关企业占比达89.07%，较2020年增长了6.07个百分点。

三、行业分布：覆盖主要工业企业领域

从行业属性看，申报企业覆盖主要工业领域，包括国防、航空航天、石油化工、轻工、通信、铁道、矿山、有色金属、煤炭、纺织、机械等主要重点行业，主要集中在工业领域或实体经济领域。其中，装备制造企业占比21.72%，电力电网企业占比17.35%，能源化工企业占比16.04%，一般制造企业占比12.25%，现代服务企业占比10.93%，工程建筑企业占比8.60%，钢铁冶金企业占比6.41%，物流运输企业占比4.08%，投资金融企业占比2.62%（见图1-3）。这些领域也是国有企业较为集中的行业，与前文所有制属性分布相互呼应。

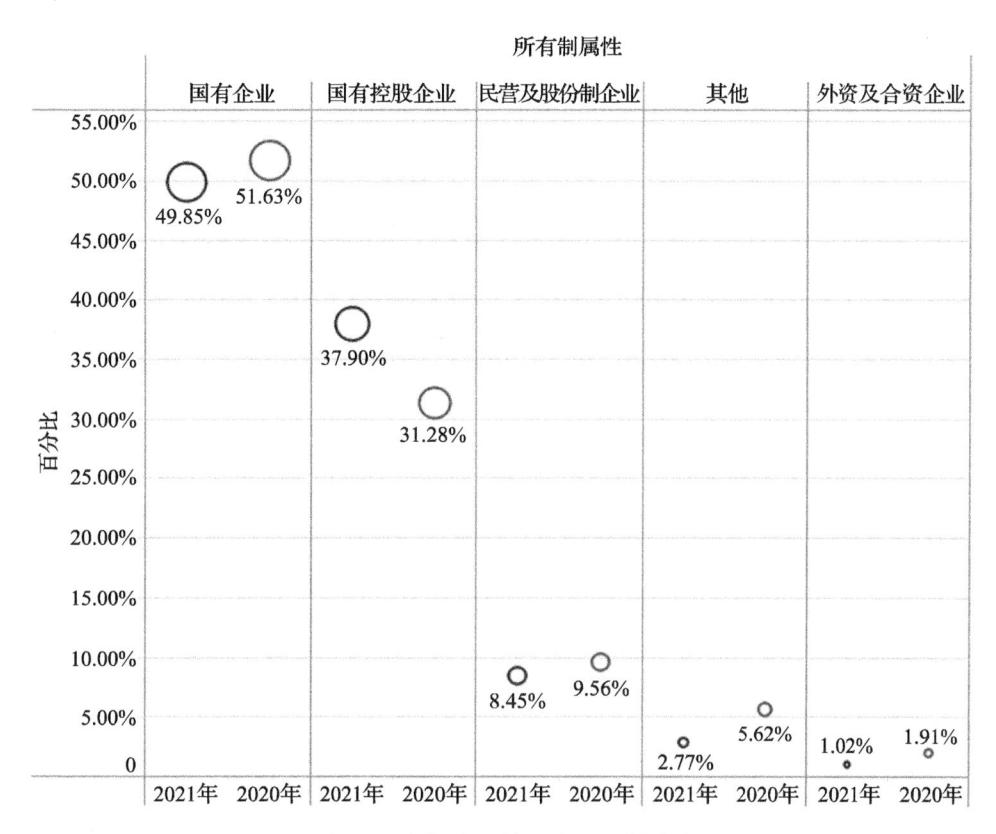

图 1-2 申报企业的所有制属性分布

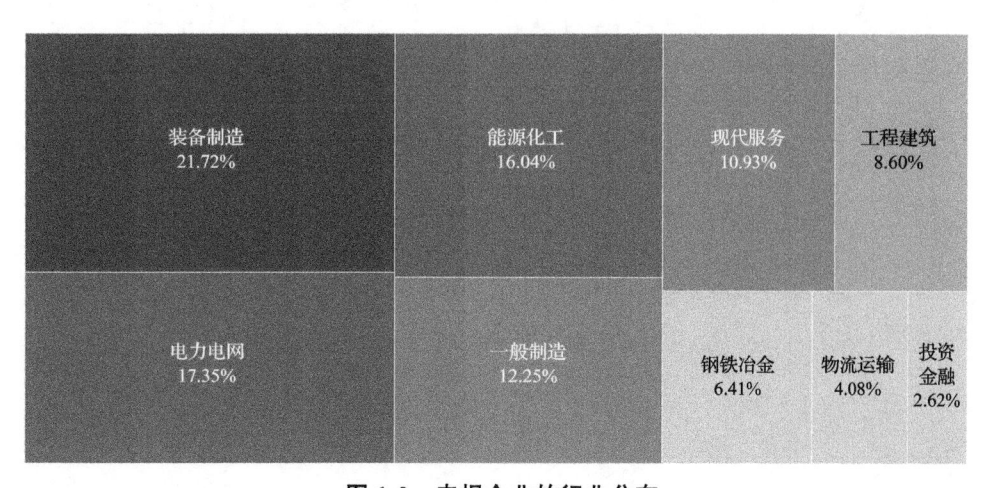

图 1-3 申报企业的行业分布

四、员工人数：大型企业占比较为突出

从员工数量看，成果申报企业的就业带动效应非常明显。其中，员工数量超过50万人的企业有3家，员工数量为10万～50万人之间的企业有24家，员工数量5万～10万人之间的企业有38家。按申报主体计算，员工数量超过5万人的企业数量总计77家[①]，较2020年增加了17家。员工数量超过10万人的申报企业如图1-4所示。

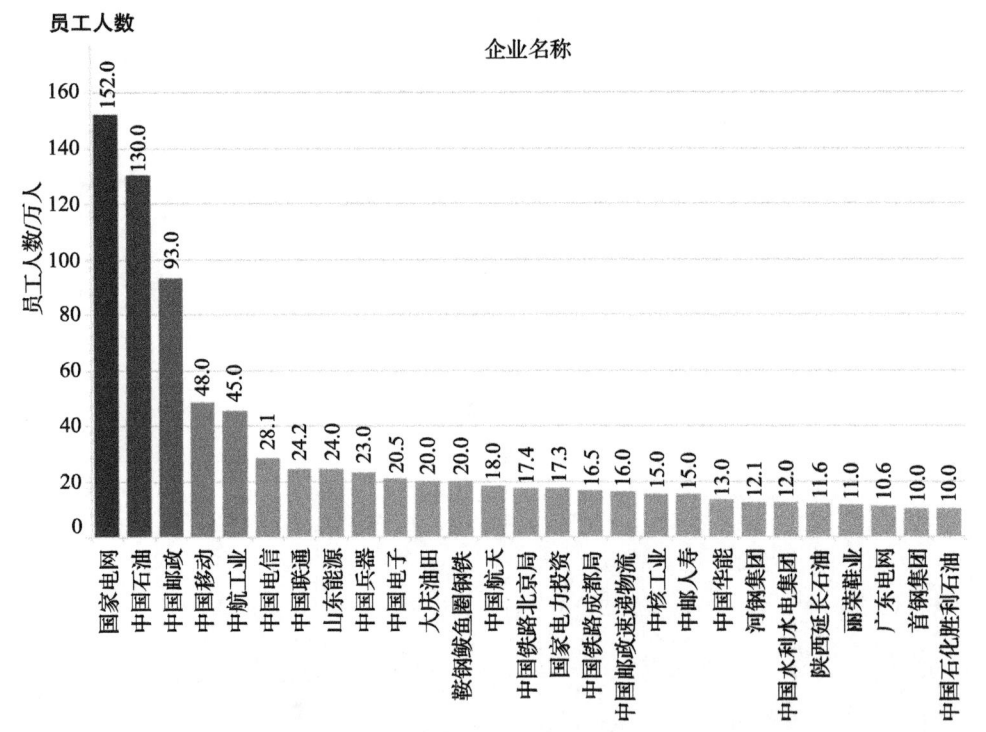

图1-4 员工数量超过10万人的申报企业（员工人数，单位：万人）：
国家电网 152.0；中国石油 130.0；中国邮政 93.0；中国移动 48.0；中航工业 45.0；中国电信 28.1；中国联通 24.2；山东能源 24.0；中国兵器 23.0；中国电子 20.5；大庆油田 20.0；鞍钢鲅鱼圈钢铁 20.0；中国航天 18.0；中国铁路北京局 17.4；国家电力投资 17.3；中国铁路成都局 16.5；中国邮政速递物流 16.0；中核工业 15.0；中邮人寿 15.0；中国华能 13.0；河钢集团 12.1；中国水利水电集团 12.0；陕西延长石油 11.6；丽荣鞋业 11.0；广东电网 10.6；首钢集团 10.0；中国石化胜利石油 10.0

注：员工数量、利润两项数据仅以企业申报数据为准，有些申报企业没有公布这两项数据。

图1-4 员工数量超过10万人的申报企业

[①] 存在集团和子公司员工数量均超过5万人的情况，因此，按申报主体计算会多出12家。

五、经营绩效：普遍具有卓越盈利能力

从经营绩效看，申报企业普遍具备卓越的盈利能力。在公开财务数据的企业中，2021年营业利润过百亿元的申报企业数量为28家（不包括子公司作为申报主体的情况，部分企业没有申报或未查询到相关经营数据），营业利润超过五百亿元的企业数量有8家（不包括子公司作为申报主体的情况），企业盈利能力相比2020年未出现大幅下降。在申报企业中，有25家世界500强企业，有约40家世界500强企业的二级公司（单位）参与创新成果的申报，世界500强名单中有大约三分之一的中国企业参与了此次管理创新成果申报，基本与去年相当。营业利润超过百亿元的申报企业如图1-5所示。

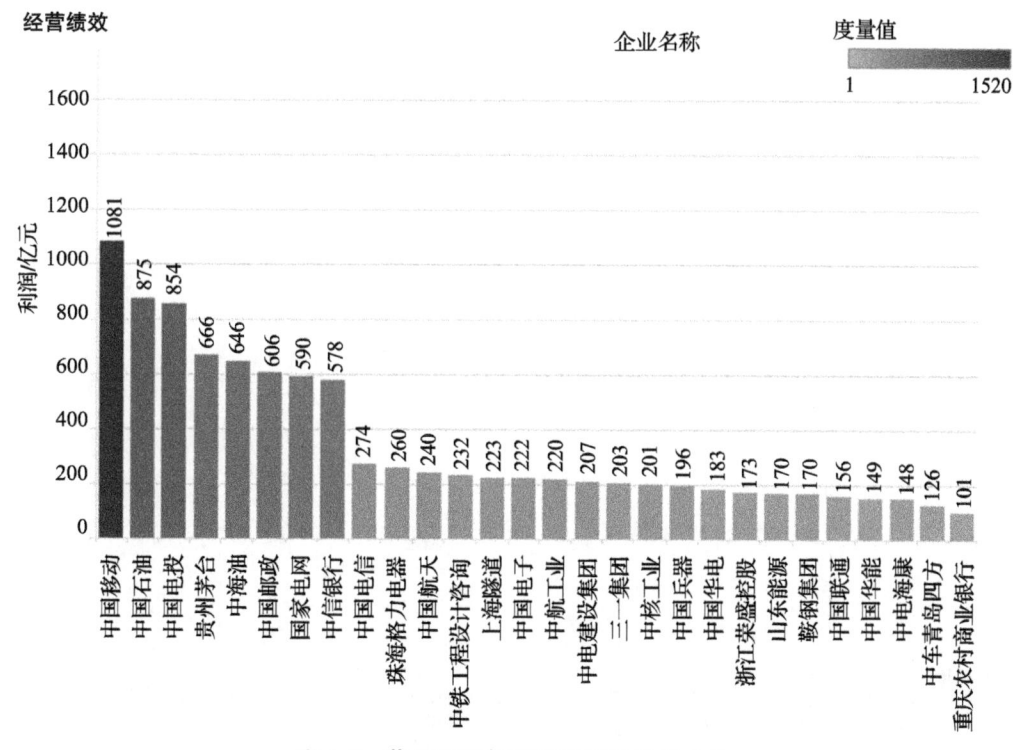

企业名称	利润/亿元
中国移动	1081
中国石油	875
中国电投	854
贵州茅台	666
中海油	646
中国邮政	606
国家电网	590
中信银行	578
中国电信	274
珠海格力电器	260
中国航天	240
中铁工程设计咨询	232
上海隧道	223
中国电子	222
中航工业	220
中国建设集团	207
三一集团	203
中核工业	201
中国兵器	196
中国华电	183
浙江荣盛控股	173
山东能源	170
鞍钢集团	170
中国联通	156
中国华能	149
中电海康	148
中车青岛四方	126
重庆农村商业银行	101

图1-5　营业利润超过百亿元的申报企业

六、中小企业：专精特新特征较为显著

从企业规模看，申报企业中中小企业占比约 15.45%。中小企业申报数量达到新高，这也是多年以来审定委员会鼓励中小企业积极参与申报的结果。申报企业中的中小企业主要集中在制造业、现代服务业和能源化工业。其中，制造业的企业有 32 家，现代服务业的企业有 25 家，能源化工业的企业有 22 家（见图 1-6）。从申报项目看，中小企业都在向"专精特新"方向发展，提升专业化优势，重点围绕十大重点领域及"工业四基领域"，打造独特性优势。

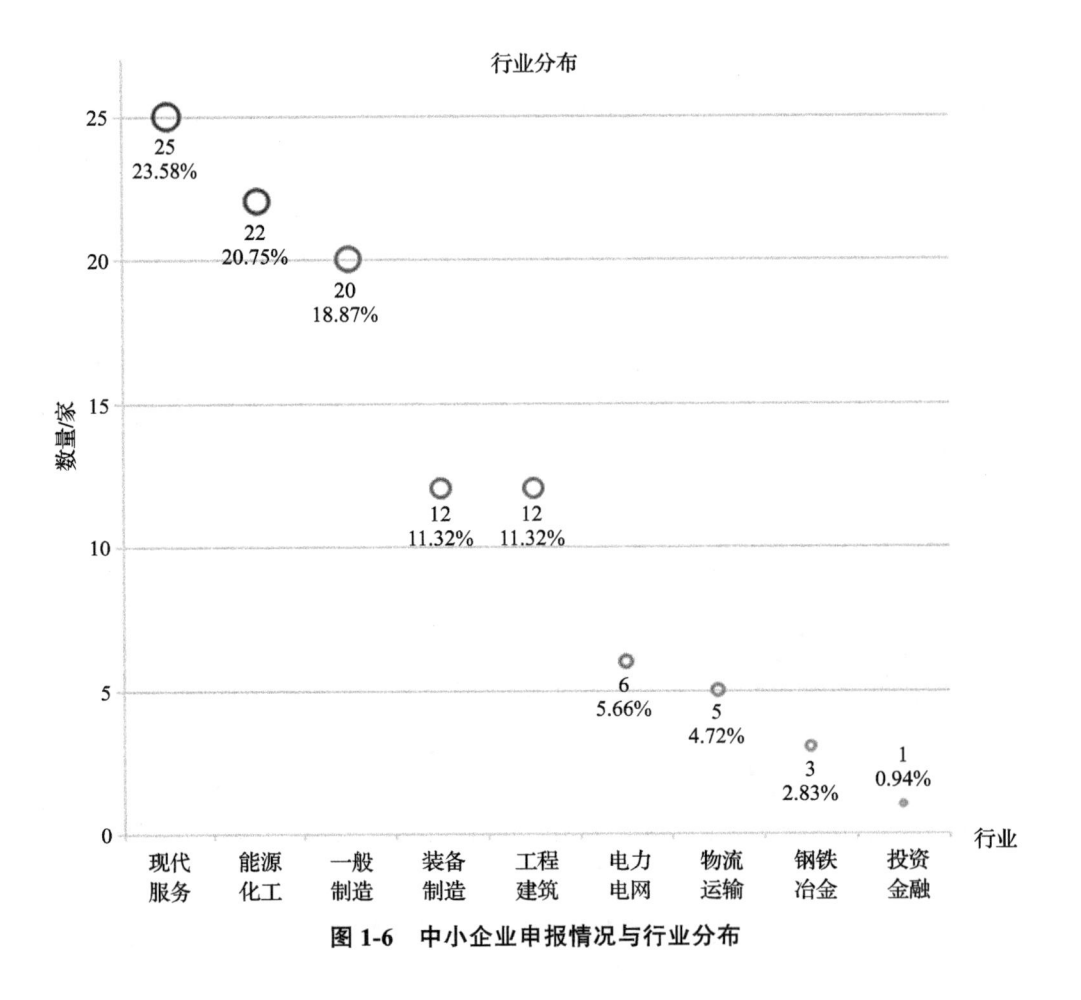

图 1-6 中小企业申报情况与行业分布

此外，工业和信息化部已经培育认定三批共4726家专精特新"小巨人"企业，本报告选取的66个案例主要来自中小企业局整理和编纂的《专精特新"小巨人"企业案例汇编》中的"地方推荐案例部分"，每个案例由企业简介、经验做法、借鉴意义三部分内容构成，供相关企业学习参考。案例企业主要集中在实体经济领域，具体可以分为核心技术和零部件创新、传统产品制造、制造业服务化、信息软件服务四大类，创新做法主要体现在绿色化发展、数字化转型、关键技术创新、精细化高端化转型升级等方面（见图1-7）。未来，应增加能够提供一体化服务方案，以及工业软件等领域的"专精特新"企业数量。

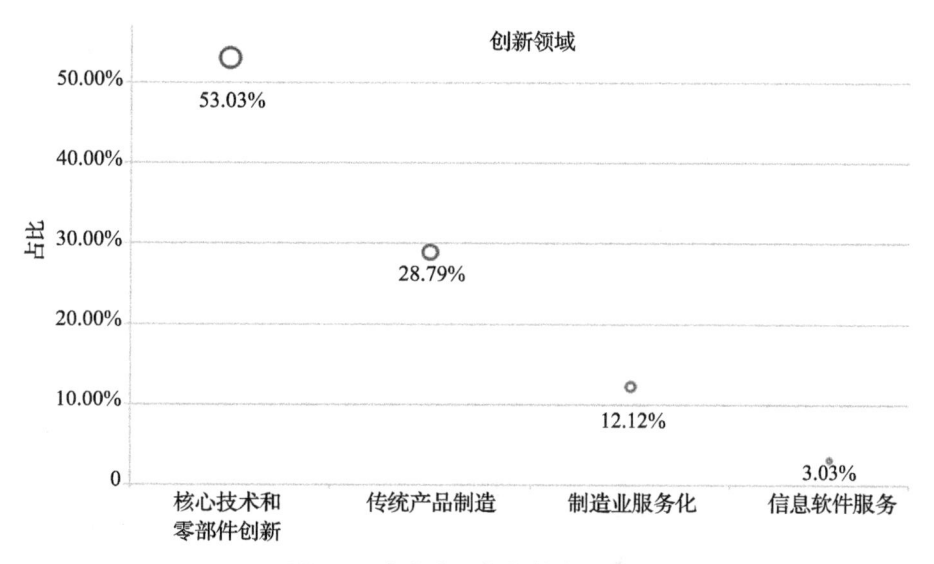

图 1-7　中小企业创新的主要领域

第二节 企业管理创新背景

企业管理创新受到外部环境的影响，环境特征主要体现在国家层面、行业层面和微观层面。本报告采用文本分析方法，抓取并汇总创新背景的关键词，发现企业主要围绕国企改革、创新驱动、高质量发展和数字经济等政策背景实施管理创新（见图 1-8）。

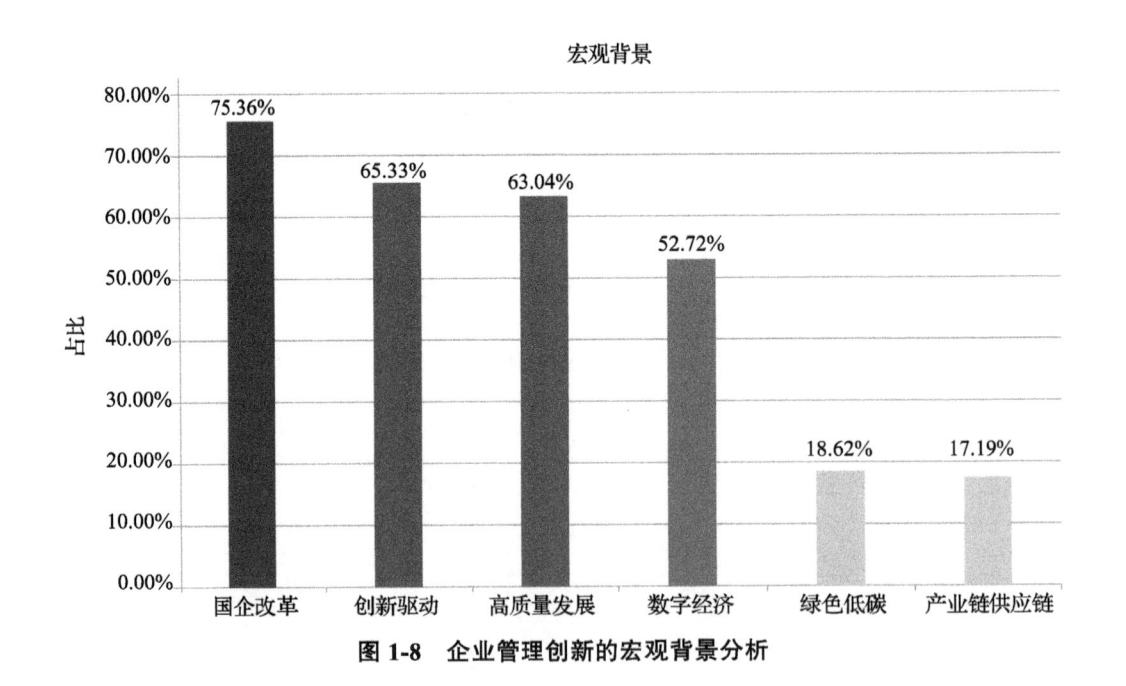

宏观背景

类别	占比
国企改革	75.36%
创新驱动	65.33%
高质量发展	63.04%
数字经济	52.72%
绿色低碳	18.62%
产业链供应链	17.19%

图 1-8　企业管理创新的宏观背景分析

一、适应新时代政策导向

在新时代，随着我国经济步入高质量发展阶段，以及数字经济的繁荣发展、绿色低碳发展转型要求的提出，企业在管理创新方面不断贯彻新理念，新的发展格局正在形成。最近五年以来的国家层面的宏观经济政策如表1-1所示。其中，高质量发展要求、数字经济创新、绿色低碳转型、国际化发展成为促进企业管理创新的主要政策导向。

表1-1 国家层面的宏观经济政策

发布时间	发布部门	政策/报告名称	主要内容
2017年	全国人民代表大会	《决胜全面建成小康社会 夺取新时代中国特色社会主义伟大胜利——在中国共产党第十九次全国代表大会上的报告》	中国经济已由高速增长阶段转向高质量发展阶段；既要决胜全面建成小康社会，又要开启全面建设社会主义现代化国家新征程；贯彻新发展理念，建设现代化经济体系
2018年	国务院	《国务院关于推动创新创业高质量发展 打造"双创"升级版的意见》	深化放管服改革，进一步释放创新创业活力；加大财税政策支持力度；鼓励和支持科研人员积极投身科技创业；增强创新型企业引领带动作用；提升孵化机构和众创空间服务水平；引导金融机构有效服务创新创业融资需求；打造具有全球影响力的科技创新策源地；强化创新创业政策统筹
2019年	国务院	《国务院关于促进乡村产业振兴的指导意见》	突出优势特色，培育壮大乡村产业；科学合理布局，优化乡村产业空间结构；促进产业融合发展，增强乡村产业聚合力；推进质量兴农绿色兴农，增强乡村产业持续增长力；推动创新创业升级，增强乡村产业发展新动能；完善政策措施，优化乡村产业发展环境；强化组织保障，确保乡村产业振兴落地见效
2021年	全国人民代表大会	《中华人民共和国国民经济和社会发展第十四个五年规划和2035年远景目标纲要》	开启全面建设社会主义现代化国家新征程；坚持创新驱动发展，全面塑造发展新优势；加快发展现代产业体系，巩固壮大实体经济根基；形成强大国内市场，构建新发展格局

续表

发布时间	发布部门	政策/报告名称	主要内容
2021年	国务院	《"十四五"数字经济发展规划》	优化升级数字基础设施;充分发挥数据要素作用;大力推进产业数字化转型;加快推动数字产业化;持续提升公共服务数字化水平;健全完善数字经济治理体系;着力强化数字经济安全体系;有效拓展数字经济国际合作
2021年	工业和信息化部等部委	《物联网新型基础设施建设三年行动计划（2021—2023年）》	创新能力提升;产业生态培育;融合应用发展;支撑体系优化
2021年	国务院	《关于加快建立健全绿色低碳循环发展经济体系的指导意见》	健全绿色低碳循环发展的生产体系;健全绿色低碳循环发展的流通体系;健全绿色低碳循环发展的消费体系;加快基础设施绿色升级;构建市场导向的绿色技术创新体系
2021年	国务院	《2030年前碳达峰行动方案》	能源绿色低碳转型;节能降碳增效;工业领域碳达峰;城乡建设碳达峰;交通运输绿色低碳;循环经济助力降碳;绿色低碳科技创新;碳汇能力巩固提升;各地区梯次有序碳达峰
2022年	中央全面深化改革委员会第二十四次会议	《关于加快建设世界一流企业的指导意见》	深化国有企业改革,发展混合所有制经济,培育具有全球竞争力的世界一流企业;民营企业要拓展国际视野,增强创新能力和核心竞争力,形成更多具有全球竞争力的世界一流企业

资料来源：课题组整理。

第一，实现高质量发展是新时代中国经济发展的根本要求，也对企业提出了新的课题。作为企业管理者，必须科学把握高质量发展核心内涵，制造并提供符合和适应消费者需求的优质产品和服务，以不断提升核心竞争力，实现企业的高质量发展。第二，数字经济对企业的生产经营带来了重大变革，加速了数字化转型的发展，需要自上而下全面推动，将业务、技术、管理融会贯通，只有彻底推陈出新、打破常规，才能不断推动企业数字化的进程。第三，绿色低碳转型及"双碳"目标要求企业控制化石能源总量，提高利用效能，实施可再生能源替代行动，实施重点行业领域减污降碳行动，推动绿色低碳技术实现重大突破，完善绿色低碳政策和市场体系，提升生态碳汇能力。第四，"一带一路"倡议为我国企业国际化发展提供战略机遇，引导企业积极稳妥地开拓国际市场。但是国际环境的复杂多变和"一带一路"沿线国家的多文明环境双重叠加，形成了更为错综复杂的文化环境。中国企业在"走出去"的过程中面临着如何减少文化误读、消除文化成见、避免文化冲突、加强文化融合等多重文化挑战。

二、聚焦高质量发展要求

管理创新要服务于我国现代化经济体系建设，产业转型升级、数字化转型、产业链供应链安全、基础技术和关键零部件创新对中国企业提出了更高的发展要求。最近五年以来行业层面的相关行业政策如表1-2所示。高质量发展要求产业转型升级、重构产业链供应链、突破"卡脖子"技术，以及实现提质增效。

表1-2 行业层面的相关产业政策

发布时间	发布部门	政策/报告名称	主要内容
2020年	工业和信息化部办公厅	《建材工业智能制造数字转型行动计划（2021—2023年）》	建材工业信息化生态体系构建；建材工业智能制造技术创新；建材工业智能制造推广应用
2021年	国家发展改革委、工业和信息化部	《关于振作工业经济运行 推动工业高质量发展的实施方案的通知》	做好宏观政策预调微调和跨周期调节，精准打通产业链供应链堵点卡点，挖掘市场需求潜力，强化政策扶持，优化发展环境，推动工业高质量发展

续表

发布时间	发布部门	政策/报告名称	主要内容
2021年	工业和信息化部等部委	《"十四五"智能制造发展规划》	着力提升创新能力、供给能力、支撑能力和应用水平，持续推进制造业数字化转型、网络化协同、智能化变革，促进制造业高质量发展，加快制造强国建设，发展数字经济，构筑国际竞争新优势。加快系统创新，增强融合发展新动能；深化推广应用，开拓转型升级新路径；加强自主供给，壮大产业体系新优势；夯实基础支撑，构筑智能制造新保障
2021年	工业和信息化部等部委	《"十四五"机器人产业发展规划》	以高端化智能化发展为导向，坚持"创新驱动、应用牵引、基础提升、融合发展"，着力突破核心技术，着力夯实产业基础，着力增强有效供给，着力拓展市场应用，提升产业链供应链稳定性和竞争力，持续完善产业发展生态，推动机器人产业高质量发展
2021年	工业和信息化部等部委	《关于加快培育发展制造业优质企业的指导意见》	准确把握培育发展优质企业的总体要求；构建优质企业梯度培育格局；提高优质企业自主创新能力；促进提升产业链供应链现代化水平；引导优质企业高端化智能化绿色化发展；打造大中小企业融通发展生态；促进优质企业加强管理创新和文化建设；提升优质企业开放合作水平；完善金融财政和人才政策措施；加强对优质企业的精准服务
2021年	工业和信息化部办公厅	《制造业质量管理数字化实施指南（试行）》	推进制造业质量管理数字化；明确质量管理数字化关键场景；完善企业质量管理数字化工作机制；增强企业质量管理数字化运行能力；加强产品全生命周期质量数据开发利用；创新质量管理数字化公共服务；完善政策保障和支撑环境
2022年	工业和信息化部、国家发展改革委、生态环境部	《关于促进钢铁工业高质量发展的指导意见》	立足新发展阶段，以推动高质量发展为主题，以改革创新为根本动力，加快推进钢铁工业质量变革、效率变革、动力变革。增强创新发展能力、严禁新增钢铁产能、优化产业布局结构、推进企业兼并重组、深入推进绿色低碳、大力发展智能制造、大幅提升供给质量、提高资源保障能力

续表

发布时间	发布部门	政策/报告名称	主要内容
2022年	工业和信息化部等部委	《关于"十四五"推动石化化工行业高质量发展的指导意见》	大力发展化工新材料和精细化学品,加快产业数字化转型,提高本质安全和清洁生产水平,加速石化化工行业质量变革、效率变革、动力变革。提升创新发展水平、推动产业结构调整、优化调整产业布局、推进产业数字化转型、加快绿色低碳发展
2022年	工业和信息化部	《关于做好2022年工业质量提升和品牌建设工作的通知》	推动企业质量管理体系升级,实施制造业质量管理数字化行动,深化企业先进质量管理工具与方法运用,提高制造业产品可靠性水平,提升制造业关键过程质量控制能力,提高质量公共服务效能,推动重点行业质量提升,加快推进工业品牌培育,持续提升"中国制造"品牌形象

资料来源：课题组整理。

第一，在产业转型升级方面，各个行业要实现高质量、绿色化发展。工业和信息化部印发《关于做好2022年工业质量提升和品牌建设工作的通知》，要求推动行业质量技术创新和管理进步，促进制造业高质量发展。建材、钢铁、石化等传统领域，也纷纷出台了相关的行业高质量发展政策措施。第二，在数字化转型方面，政策积极引导企业进行数字化转型，针对行业发展差异，相关政策要求在生物医药、新材料、电子制造、新能源和智能网联汽车等重点行业，引导企业在制造业数字化、智能化和绿色化趋势下，推动5G、人工智能、大数据等新一代信息技术与质量管理融合。第三，在中美贸易摩擦和新冠疫情的双重冲击下，全球产业链加速重构。我国企业应加强供应链监测、提高风险可预见性等强化供应链风险管理措施，甚至创新重组产业链供应链，以保证企业生产安全运行。第四，科技战和"卡脖子"问题凸显了我国企业在基础技术和关键零部件领域的"短板"，企业要"补短板、锻长板"，在高端制造的核心零部件、关键材料、工业软件、机器人等领域，主动从对标跟随转向专业引领，从模仿追赶转向自主创新。第五，创新提质。强化企业创新主体地位，促进各类创新要素向企业集聚，推动企业主动开展技术创新、管理创新、商业模式创新。增强创新能力和核心竞争力，强化企业全面质量管理，提升企业质量管理数字化水平和关键过程质量控制能力，促进制造业质量管理升级和产品可靠性"筑基"与"倍增"。

三、适应深化改革的趋势

为了提升发展质量，我国国有企业要不断深化国企改革，探索发展混合所有制经济，提升合规管理水平，不断创新提质，打造世界一流企业。最近五年以来国有企业层面的相关政策措施如表1-3所示。深化改革具有持续性，未来应在完善中国特色现代企业制度，探索混合所有制改革，提升合规管理水平，打造世界一流企业等方面下功夫。

表1-3 国有企业层面的相关政策措施

发布时间	发布部门	政策/报告名称	主要内容
2008年	国务院国资委	《关于规范国有企业职工持股、投资的意见》	规范国有企业改制中的职工持股行为：积极推进各类企业股份制改革，严格控制职工持股企业范围，依法规范职工持股形式，明确职工股份转让要求，规范入股资金来源；规范国有企业职工投资关联企业的行为；规范国有企业与职工持股、投资企业的关系；加强对国有企业职工持股、投资的管理和监督
2009年	国务院国资委	《国资委关于实施〈关于规范国有企业职工持股、投资的意见〉有关问题的通知》	对有关中央企业和地方国资委反映在执行过程中遇到的一些具体问题进行明确：需清退或转让股权的企业中层以上管理人员的范围；涉及国有股东受让股权的基本要求；国有股东收购企业中层以上管理人员股权的定价原则；国有企业改制违规行为的处理方式；进一步加强对股权清退转让的监督管理

续表

发布时间	发布部门	政策/报告名称	主要内容
2014年	国务院国资委	《国资委关于印发〈关于加强中央企业品牌建设的指导意见〉的通知》	为全面贯彻党的十八大、十八届三中全会精神，深入落实科学发展观，提高中央企业品牌建设水平，推动中央企业转型升级，实现做强做优中央企业、培育具有国际竞争力的世界一流企业的目标，特制定本指导意见。包括加强中央企业品牌建设的重要意义、指导思想、基本原则、主要目标、主要内容和主要措施
2014年	国务院国资委办公厅	《关于进一步加强中央企业节能减排工作的通知》	严格落实环境政策，强化总量前置管理；认真执行国家产业规划，全面调整能源结构；加快建设治污设施，大力推进工程减排；加大科技创新投入，优化升级产业结构；健全管理机构，制定环境应急预案；强化企业主体责任，完善考核奖惩制度
2015年	中共中央、国务院	《关于深化国有企业改革的指导意见》	分类推进国有企业改革；推进公司制股份制改革，健全公司法人治理结构，建立企业领导人员分类分层管理制度，实行企业薪酬分配制度、深化用人制度改革，完善现代企业制度；以管资本为主完善国有资产管理体制；推进国有企业混合所有制改革，发展混合所有制经济；严格责任追究，强化监督防止国有资产流失；充分发挥国有企业党组织政治核心作用，加强和改进党对国有企业的领导；完善相关法律法规和配套政策，为国有企业改革创造良好的环境条件
2016年	国务院国资委	《关于印发〈关于国有控股混合所有制企业开展员工持股试点的意见〉的通知》	为全面贯彻党的十八大和十八届三中、四中、五中全会精神，落实"四个全面"战略布局和创新、协调、绿色、开放、共享的发展理念，根据《中共中央、国务院关于深化国有企业改革的指导意见》有关要求，就国有控股混合所有制企业开展员工持股试点提出意见
2016年	工业和信息化部等相关部门	《关于引导企业创新管理提质增效的指导意见》	加强成本管理和控制；强化资源能源集约管理；重视资源优化配置与管理；加强质量品牌管理；创新内部市场化经营机制；加快推动创业创新；积极发展服务型制造；推进信息技术深度融合创新；注重战略管理；加强全面风险管理

续表

发布时间	发布部门	政策/报告名称	主要内容
2018年	科技部、国务院国资委	《科技部 国资委印发〈关于进一步推进中央企业创新发展的意见〉的通知》	鼓励和支持中央企业参与国家重大科技项目；鼓励中央企业增加研发投入；支持中央企业发挥创新主体作用；支持中央企业打造协同创新平台；共同推动中央企业科技人才队伍建设；共同指导和推动中央企业深入开展双创工作；支持中央企业参与北京、上海科技创新中心建设；共同开展创新创业投资基金合作；支持中央企业开展国际科技合作
2020年	国务院国资委	《国企改革三年行动方案（2020—2022）》	行动目标要求国有企业成为有核心竞争力的市场主体、在创新引领方面发挥更大作用、在提升产业链供应链水平上发挥引领作用、在保障社会民生和应对重大挑战等方面发挥特殊保障作用、在维护国家经济安全方面发挥基础性作用
2021年	国务院国资委	《国资委关于印发〈中央企业合规管理指引（试行）〉的通知》	为推动中央企业全面加强合规管理，加快提升依法合规经营管理水平，着力打造法治央企，保障企业持续健康发展，国资委制定了《中央企业合规管理指引（试行）》，负责指导监督中央企业合规管理工作。指引涉及合规管理职责、重点、运行、保障等方面
2021年	国务院国资委	《关于印发〈中央企业做强做优、培育具有国际竞争力的世界一流企业要素指引〉的通知》	深刻领会实质要求，打造一流能力体系；紧密结合企业实际，完善一流要素体系；全面提升管理水平，形成一流支撑体系；"两个指引"有机结合，构建一流工作体系；加强宣贯凝聚共识，培育一流理念体系。指引从公司治理、人才开发与企业文化、业务结构、自主研发、自主品牌、管理与商业模式、集团管控、风险管理、信息化、并购重组、国际化、社会责任、绩效衡量与管理方面详细展开

资料来源：课题组整理。

第一，持续深化国企改革。2022年是国企改革三年行动的收官之年，公司制改革基本完成，剥离企业办社会职能和历史遗留问题全面扫尾，完善中国特色现代企业制度、健全市场化经营机制等改革重点领域发生实质性突破，对过去国企改革的经验总结有助于促进改革成果的制度化、长效化。第二，探索发展混合所有制经济。企业要探索通过实施混合所有制引入外部非国有股东，通过完善公司治理结构，从而建立形成高效运转、有效制衡的法人治理结构，解决国有资产经营主体缺位和委托代理的问题。第三，提升合规管理水平。打造治理完善、经营合规、管理规范、守法诚信的法治国企目标，不断提高国有企业依法依规治理水平，着力打造事前制度规范、事中动态监管、事后监督问责的全覆盖、全链条的合规管理体系。第四，打造世界一流企业。以《关于加快建设世界一流企业的指导意见》为指引，培育具有全球竞争力的世界一流企业，推动更多优秀企业在市场竞争中脱颖而出，打造具有中国智慧、中国魅力、中国活力，具有中国话语权的治理现代新模式，加快建设一批产品卓越、品牌卓著、创新领先、治理现代的世界一流企业。

四、积极塑造独特优势

随着民营企业发展环境和条件的进一步改善，我国以中小企业为主的民营经济规模不断发展壮大，在稳定增长、促进创新、增加就业、活跃市场、改善民生、扩大开放等方面发挥了重要作用。最近五年以来中小企业层面的相关政策措施如表 1-4 所示。中小企业在稳中求进的同时，应重点利用数字技术改变生产方式，推动管理提升，发展专精特新。

表 1-4　中小企业层面的相关政策措施

发布时间	发布部门	政策/报告名称	主要内容
2018 年	工业和信息化部等部委	《四部门关于印发〈促进大中小企业融通发展三年行动计划〉的通知》	挖掘和推广融通发展模式：深化基于供应链协同的融通模式、推动基于创新能力共享的融通模式、推广基于数据驱动的融通模式、打造基于产业生态的融通模式。发挥大企业引领支撑作用：推动生产要素共享、促进创新资源开放、提供资金人才支持。提升中小企业专业化能力：培育专精特新"小巨人"企业、实施"互联网+小微企业"计划。建设融通发展平台载体：建设大中小企业融通型特色载体、提升平台融通发展支撑能力。优化融通发展环境：夯实网络基础、建立完善的知识产权管理服务体系、深化对外合作

续表

发布时间	发布部门	政策/报告名称	主要内容
2019年	中共中央办公厅、国务院办公厅	《关于促进中小企业健康发展的指导意见》	营造良好发展环境，破解融资难融资贵问题、完善财税支持政策、提升创新发展能力、改进服务保障工作、强化组织领导和统筹协调，为中小企业提供信息化服务
2020年	工业和信息化部	《工业和信息化部关于应对新型冠状病毒肺炎疫情帮助中小企业复工复产共渡难关有关工作的通知》	全力保障企业有序复工复产，进一步加强对中小企业的财政扶持、金融扶持、创新支持、公共服务，进一步加强统筹协调
2020年	工业和信息化部办公厅	《工业和信息化部办公厅关于印发〈中小企业数字化赋能专项行动方案〉的通知》	以新一代信息技术与应用为支撑，以提升中小企业应对危机能力、夯实可持续发展基础为目标，通过强化组织保障、完善激励机制、组织供需对接、加强培训推广等措施，助推中小企业通过数字化网络化智能化赋能实现复工复产，增添发展后劲，提高发展质量
2020年	工业和信息化部等部委	《十七部门印发〈关于健全支持中小企业发展制度的若干意见〉》	完善支持中小企业发展的基础性制度；坚持和完善中小企业财税支持制度；坚持和完善中小企业融资促进制度；建立和健全中小企业创新发展制度；完善和优化中小企业服务体系；建立和健全中小企业合法权益保护制度；强化促进中小企业发展组织领导制度
2021年	国务院促进中小企业发展工作领导小组办公室	《关于印发提升中小企业竞争力若干措施的通知》	落实落细财税扶持政策；加大融资支持力度；加强创新创业支持；提升数字化发展水平；提升工业设计附加值；提升知识产权创造、运用、保护和管理能力；助力开拓国内外市场；提升绿色发展能力；提升质量和管理水平；提升人才队伍素质；加强服务体系建设。
2021年	工业和信息化部等相关部门	《关于印发"十四五"促进中小企业发展规划的通知》	基本原则：坚持创业兴业，激发市场活力；坚持创新驱动，提升发展质量；坚持绿色集约，促进协同发展；坚持分类指导，提高服务效能。发展目标：整体发展质量稳步提高；创新能力和专业化水平显著提升；经营管理水平明显提高；服务供给能力全面提升；发展环境进一步优化。主要任务：培育壮大市场主体；健全政策支持体系；建立高效服务体系；完善公平竞争环境；提高融资可得性；加强合法权益保护；提升创新能力和专业化水平

续表

发布时间	发布部门	政策/报告名称	主要内容
2021年	财政部、工业和信息化部	《关于支持"专精特新"中小企业高质量发展的通知》	通过中央财政资金引导，促进上下联动，将培优中小企业与做强产业相结合，加快培育一批专注于细分市场、聚焦主业、创新能力强、成长性好的专精特新"小巨人"企业，推动提升专精特新"小巨人"企业数量和质量，助力实体经济特别是制造业做实做强做优，提升产业链供应链稳定性和竞争力
2022年	工业和信息化部办公厅	《工业和信息化部办公厅关于开展"一起益企"中小企业服务行动的通知》	以"宣传政策、落实政策，纾解难题、促进发展"为主题，以"提高政策惠达率、扩大服务覆盖面、增强企业获得感"为目标，充分发挥中小企业公共服务平台骨干支撑作用，汇聚和带动各类优质服务资源，组织服务进企业、进园区、进集群，为中小企业送政策、送管理、送技术，稳定市场预期，坚定发展信心，促进中小企业平稳健康发展

资料来源：课题组整理。

第一，在复工复产方面，坚持稳字当头、稳中求进，强化系统观念，统筹疫情防控和企业经营发展，采取有效措施降低企业成本，尽早实现复工复产，落实"六稳""六保"。第二，在数字赋能方面，利用数字技术改变制造业生产方式、发展模式、企业形态，应该说是企业竞争力提升和发展的必修课。助推中小企业通过数字化、网络化、智能化赋能提升竞争力，增添发展后劲，提高发展质量。第三，在管理提升方面，积极落实《关于印发提升中小企业竞争力若干措施的通知》等政策要求，持续推动企业管理提升专项行动，持续推进管理体系、能力现代化，把管理提升贯穿在企业全生命周期中。第四，在专精特新方面，鼓励中小企业向专精特新方向发展。2016年工业和信息化部印发了《制造业单项冠军企业培育提升专项行动实施方案》，以引导制造企业专注创新和产品质量提升，推动产业迈向中高端，带动中国制造走向世界。2018年起，工业和信息化部在专精特新企业的基础上开展专精特新"小巨人"企业培育工作，已经形成"中小企业—专精特新培育企业—省市级专精特新企业—国家级专精特新'小巨人'企业—制造业单项冠军—产业链领航企业"的中小企业培育梯级阵营。围绕重点行业，大力支持中小企业向"专精特新"升级，助力实体经济高质量发展。

第三节

企业管理创新主要领域

通过汇总700余项申报材料并进行文本分析,以及结合大量的企业座谈交流和现场调研,本报告逐步明确了2021年企业实施管理创新的主要领域。通过对申报企业进行分类,本报告发现企业管理创新做法主要集中在提质增效、数字赋能、科技创新、服务管理、绿色低碳、人才培养与激励、业务拓展、深化改革、专精特新九个方面(见图1-9)。

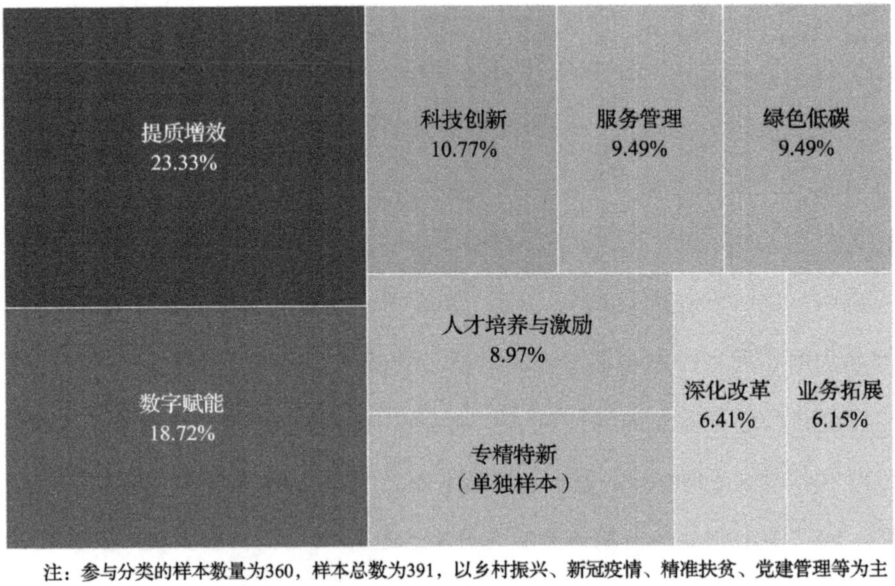

注:参与分类的样本数量为360,样本总数为391,以乡村振兴、新冠疫情、精准扶贫、党建管理等为主题的31项创新成果没有计入以上统计范畴,因此百分比的总和应该小于100%。

图 1-9　企业管理创新的九大实践

此外，还有以乡村振兴、新冠疫情、精准扶贫、党建管理等为主题申报的材料没有计入以上统计范畴。中小企业的管理创新特征主要体现在"专精特新"四个方面，2022年工业和信息化部中小企业局提供了约66个中小企业样本。从申报企业管理创新做法反映出的情况看，2021年度企业实施管理创新主要围绕全面提质增效、实施数字赋能、坚持科技创新、创新经营模式、推动低碳发展，坚持激励导向、打造一流企业、优化管控体系、致力专精特新等内容。

一、全面提质增效，提升精细化水平

在高质量发展背景下，企业要深挖降本增效潜力、提升价值创造能力，提升管理精细化水平。企业创新做法主要体现在流程优化与供应链管理（32.97%），成本控制与精益管理（25.27%），资金利用效率管理（14.29%），生产与施工现场管理（10.99%），采用质量管理新方法（10.99%）等方面（见图1-10）。

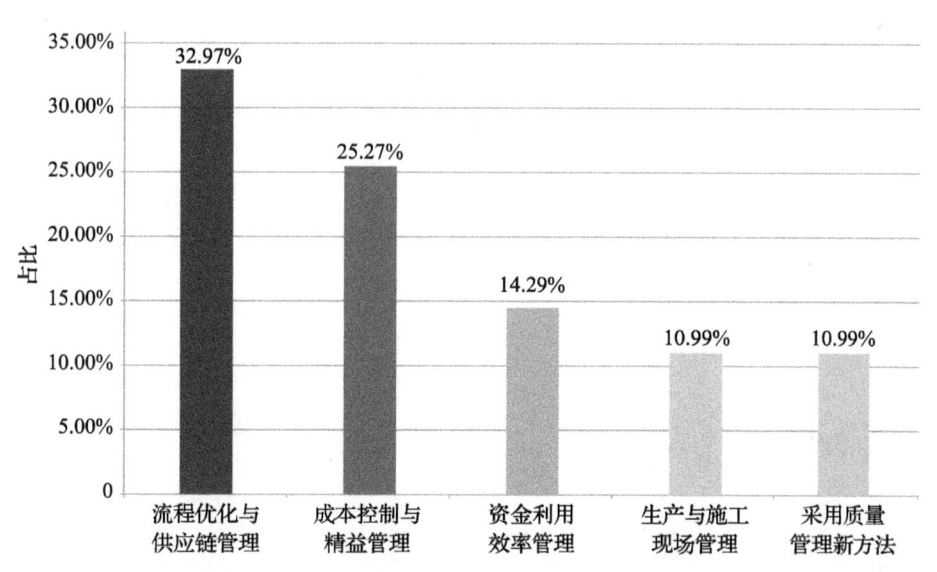

注：图中所示比例是在提质增效方面具体创新企业的占比，而不是在全部样本中的比例。下文图表也是如此。

图1-10 提质增效维度企业管理创新的主要做法

1. 流程优化与供应链资源共享

围绕全流程价值链来开展系统分析，着力在管理方式、运行模式上创新变革，以打破传统供应模式，高效整合利用资源，构建以客户为中心、以需求为驱动的，全流程动态、协同、共享、可持续发展的供应链体系。企业对生产运营流程进行再造管理，实现流程管理部门的分工、协作及与外部供应商、顾客的紧密联系、信息共享、资源优化，并减少部门内部、部门间以及内外部之间的无效活动、非增值或低值活动，降低冗余，降本增效，实现企业经营业绩卓越、竞争力持续增强的改进目标。

中国中车集团有限公司推动精益管理创新实践，探索建立符合大型轨道交通装备制造业特色的协同精益管理体系，将协同精益管理体系覆盖维度由制造系统向企业经营全过程纵向拓展，逐步将价值生态的管理范畴由组织内部向客户和供应链横向延伸，全面推进基于价值导向的管理体系和管理能力现代化建设[①]。中国电子科技集团公司第三十八研究所从战略定位、运行模式和工作方式等三个维度明确供应链管理的总体目标，并确立构建敏捷供应链管理体系和提升供应链管理能力的工作思路，以供应链的流程优化为核心任务，从业务流程、组织机构、制度规范、运行机制等四个方面构建供应链管理体系，实现供应链管理水平、经济效益和核心能力的提升。

2. 成本控制与精益管理

企业特别注重价值创造业务单元的精细化核算，分析投入产出效率，聚焦质效

---

① 具体内容请参见中国企业联合管理现代化工作委员会主编，企业管理出版社出版的《全国企业管理现代化创新成果（第二十七届）》，下同。

评价，多层次探索质效提升路径，开展全员、全方位、全过程的精益管理，构建精益管理或者精益化管控模式。企业结合发展战略与经营管理实际，构建以盈利能力、竞争能力、可持续能力为核心的企业发展能力评价框架和指标体系，对集团所属企业的发展质量进行综合评价，揭示企业发展优势和短板，客观评价企业发展潜力，并以此开展管理诊断和管理提升，精准推动企业高质量发展。企业创新构建"利润链"，通过划分经营单元，明确各单元的核算标准，经营业绩与绩效考核挂钩，业务单元之间采用内部交易机制，市场压力在各单元组织之间得到传递，变"人心多向"为"上下同欲"，从而实现降成本、提利润的目标。

中国华能集团有限公司江西分公司实施以一日经营核算为核心的精智管理，围绕发电企业生产、营销、燃料、基建、财务等核心业务，深耕精益管理。通过数字化手段打通系统底层信息链路，实现数据同构、数据共享，建立智能化价值寻优模型和管理平台，围绕着成本、质量、效率、效益、资源、约束等，进行实时的计算、衡量、评价、考核，进行持续动态的优化调整，在精细化过程管控中动态调整、持续改善、提升质量效益。中国石油天然气股份有限公司（以下简称中国石油）建立了一套以盈利能力、竞争能力、可持续能力为核心的多维度、多场景的企业发展能力评价体系，能够全面、客观、准确评价企业的发展能力，并对集团所属企业进行全面体检和综合评价，真实反映出企业经营管理现状，深刻揭示其优势和短板，客观评价未来发展潜力，有针对性地实施深化改革和管理提升。

3. 业财融合和资金利用效率管理

尤其是在企业财务管理方面，一些企业创新创立一系列资金精益管理方法，以加强企业集团资金集中管理和提高企业集团资金使用效率为目的，促进集团优化资源配置，节约财务成本，保障资金安全，提升运行效率。在实施方法上，企业不断推动财务管理数字化、价值化、信息化,以"数据创造价值、价值驱动发展"为目标,积极推动财务数字化转型,实现业财融合发展。尤其是在提升资金回收率、降低支付风险等方面,企业强调资金管理模式变革,通过风险管控与价值增值并重,实现投融资服务全过程风险管控,甚至债权零损失。

中国融通资产管理集团有限公司(以下简称中国融通集团)积极探索资产管理新模式,构建了以支撑多业态为目标,以共享为中心的财务基础管理体系,实现了财务的标准化、自动化、业财一体化,使财务共享成为夯实财务管理基础和助力集团战略落地的有力支撑,显著增强了财务的保障支撑力和风险管控能力,助推资产保值增值,推动中国融通集团集约化发展、市场化运营、专业化管理,助力"双一流"战略落地。中国石油集团共享运营有限公司构建了智能型全球财务共享服务平台,经过四年的实践,中国石油智能型全球共享服务体系初具规模,在推动管理转型、提升服务质量、提高运营效率、降低运营成本、强化风险管控、提升创效能力、快速支持企业重组和产业布局等方面取得初步成效,为中国石油深化管理体制改革,推进治理体系和治理能力现代化,实现高质量发展提供有力支撑。

4. 生产与施工现场管理的精细化

企业通过将生产流程和施工工序"模块化组织+网格化管理",不断提升管理的柔性适应能力,实现全方位精细化施工管理或精细化生产管控。在精益化生产组织和规范化现场管理方面,通过生产现场布局优化,实施以工程或产品交付为牵引的生产排产或工期安排模式,规范化现场管理,精准化作业流程,消除浪费、集约资源,为管理柔性能力的提升提供保障。精益管理的理念也渗透至项目设计、业务整合、现场安全等价值链环节。

中国石油天然气股份有限公司西南油气田分公司蜀南气矿构建以效能提升为目标的页岩气生产"1+8+N"运维管理体系，形成页岩气生产运维管理"事事有管控、事事有标准、人人争负责、运行流程精简"的运行方式，有效推进页岩气规模效益开发生产运维高效开展，夯实了蜀南气矿高质量发展基础，页岩气规模效益开发保障国家能源安全引领示范作用凸显。中国中铁四局集团有限公司针对大型建筑企业物资"采供分散、价格杂乱、成本失控、保障不力"等突出问题，以"总成本领先"战略为导向，在全局范围内构建以采购、加工、配送一体化为抓手的供应链管理提升。通过物资供应链管理，实现了大型建筑企业物资供应工作的战略定位从保障企业施工生产向推进企业总成本领先转变，运行模式从物资采供服务向供应链管理转变，工作目标从物资供应保障向供应链管理价值增值转变；从而有效整合建筑行业物资供应链，最大限度地降低物资采供成本、提高物资采供效率、保障物资质量、源头防范利益输送，切实落实企业"总成本领先"战略。

5. 采用质量管理新方法

企业采用传统的六西格玛管理、精益管理等先进的质量管理模式，或者创新构建基于端到端解码的感知质量管理体系、全员全过程质量管控模式等。尤其在高质量发展背景下，质量管理新方法要有更强的针对性，管理方式方法必须符合时代、行业、企业本身及区域的特点。针对消费者的质量感知，企业拓展了更高层次的全面质量管理体系，涵盖全要素、全过程、全环节，瞄准更高的质量目标，精益求精、追求极致。

渤海造船厂集团有限公司以国际先进造船装备企业为标杆，在深入分析相关方需求和企业难点痛点问题的基础上，提出管理机构优化、管理范围拓展、管理模式转变，系统设计新管理体系。以"做事精心、管理精细、产品精致"为主线，运用系统分析、正向设计、结果导向的管理创新理论和方法，采取架构引领、系统构建、协同共治的改进措施，构建以"精细流程与制度、精准资源保障、精细运行管控、浸润多方共治文化"四个维度为抓手的"一核四维"装备质保体系。按照新发展谋定新体系架构，将"双标"体系全面融入造船装备全生命周期各环节，形成以"双标"为基础、13个质量管理分系统为支撑的质量管理新架构。青岛啤酒股份有限公司（以下简称青岛啤酒）建立和实施了"基于端到端解码的感知质量管理体系"，以"产品硬要素系统化打造"和"服务软要素沉浸式体验"为两条主线，开展需求解码、产品解码、工艺解码、物流解码、服务解码、体验解码，实现从"感知质量需求"到"品牌体验"的端到端六大精准解码传递。通过体系实施，青岛啤酒构建起了啤酒企业一整套的感知质量管理体系。

二、实施数字赋能，推动数字化转型

在数字经济发展的背景下，要求企业采用数字技术，不断提升创新效率和生产效率。要求企业采用数字技术，不断提升创新效率和生产效率。企业创新做法主要体现在管理职能数字化（28.77%），数字车间、智能制造与工业互联网（20.55%），构建数据平台与数据治理（16.44%），工程与施工管理数字化（8.22%），组织结构与流程数字化（6.85%）等方面（见图1-11）。

数字化是在企业内部运用数字技术优化业务流程、运营方式和工作方式等，侧重降本增效。企业利用重组的数字技术改进价值创造模式，从而实现产品和服务创新、商业模式创新、运营效率和组织绩效提升等。转型的概念更倾向于强调企业原有价值主张的颠覆，而不是数字化所带来的提升和改进。本报告认为，数字赋能或数字化的概念更适合当前企业采用数字技术的状况。

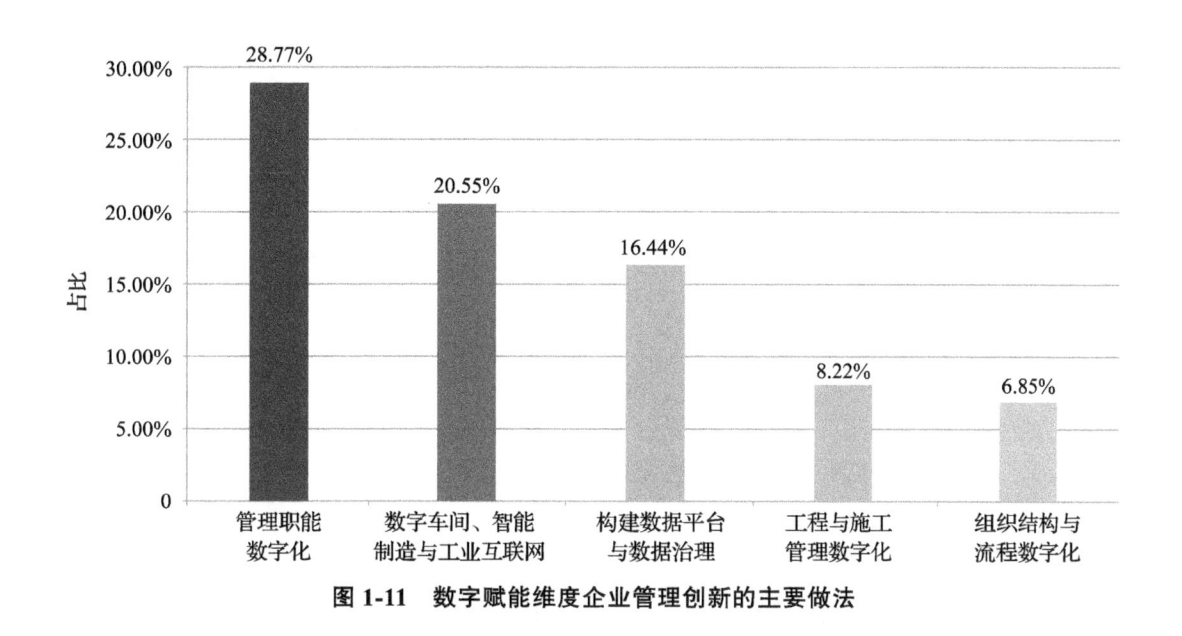

图 1-11　数字赋能维度企业管理创新的主要做法

1. 管理职能数字化

伴随数字赋能而来的问题之一是，数字技术无处不在，以至于企业决定从哪里切入都成为一项艰巨的任务。每个企业都应该有适合其自身的数字化杠杆点，从一个局部或者一项管理职能开始数字化。尤其是在财务管理领域，数字技术应用与赋能效果特别显著。企业通过构建数字化财务共享平台、资金管理体系等方式，以实现风险管控、价值创造和资源共享。在市场营销、供应链管理、质量管理、售后服务等智能领域，企业更是大力采用数字技术，构建精准营销、智慧物流、数字化质量管控体系，以及基于全生命周期的数字化服务等新模式。

广州白云山中一药业有限公司采用微软 Dynamics CRM 作为数据化转型业务平台，整合分散的各部门子系统和线下各种纸质与电子数据源，梳理商务渠道界面、医疗界面、OTC 界面的业务要点，经过流程再造，把业务全流程搬到线上，构建了统一的营销服务数字化、一体化平台，实现基于大数据的精准营销管理。南京钢铁股份有限公司（以下简称南钢）依托数字化转型，建设以"强内控、防风险、促合规"为目标的智能风控管理，提高对各类经营管理活动的监控力度，实现智能风险预警及关键风险控制，达到精准化监管，变人为监督为数据监督、变被动惩治为主动预警，第一时间捕捉"非常态"信息，实现"非接触式控制"，筑牢企业风险"防火墙"，凸显南钢智能风控管理"让数据来站岗、让平台来守望"，为企业高质量发展保驾护航。

2. 数字车间、智能制造与工业互联网

通过实现各个业务环节的数字化，突破信息孤岛的障碍，把设备、员工、库存等数据要素链接在一个系统之中，做到即时、精准传递信息，形成数字赋能的基础。提升生产设备、智能单元和生产流程的数字化水平，通过大数据、物联网等新兴技术，实现各个业务环节的数字化，以及数据资源共享、资源高效利用和产业链协同，形成数字车间、智能工厂，能够明显提升生产柔性和生产效率。企业实现数字赋能最为重要的关键技术就是以数据处理和算力为基础的智能技术，以及数据中台架构技术，形成汇集和分析企业数据的"工业大脑"或工业互联网。基于智能网联平台，企业能够挖掘大数据价值，通过数据驱动帮助企业降本、提质、增效，实现产业链全流程的协同优化。

徐工集团工程机械股份有限公司作为工程机械行业的引领者，始终紧扣时代主题，围绕企业价值链环节的痛点与需求，快速破解后市场服务方面的难题，形成以数字孪生产品为前提的"1314"智能服务管理体系，即打造1个数字孪生产品，凭借3项关键功能，通过1条价值链提升内部研发、制造、服务等环节的新型能力，突破外部4项增值型服务。魏桥纺织股份有限公司建设绿色智能一体化工厂，对智能纺纱生产管理体系进行重建和提升，实现了纤维流全流程智能运输，形成了纺纱

全流程智能化检测与监控管理系统,并可实现设备远程运维,打造了数据流基础与智能化执行管理。

3. 构建数据平台与数据治理

企业以数据中心的形式,构建引领其他职能部门和业务单元共同建立一种"技术赋能型"的组织架构。在以数字技术广泛应用为显著特征的企业数字化转型过程中,符合企业需求的技术平台成为协调运营的枢纽。企业出于业务需求多元、快速技术更新的目的,不断推动数字化平台的升级和扩展。着力推进打造企业中台,包括业务中台和数据中台,推动信息系统架构再升级,形成以"微前台+大中台+强后台"为特征的新体系,推动企业业务与技术深度结合能力、数据智能应用和价值创造能力的持续提升。通过建设工业大脑或者制造云,将企业长期积累的隐性知识显性化、规范化、代码化,可以通过重复调用的方式,指导或者替代人力进行决策与执行。

重庆农村商业银行股份有限公司渐进式重塑统筹全行数字化业务创新的组织架构,形成涵盖前、中、后台的大综合式数字化统筹条线;建成感知认知中台、分析决策中台、产品中台、服务中台、开放银行5大能力中台,其中最关键的是感知认知中台和分析决策中台,感知认知中台建成7大平台21项标准能力,满足银行任意场景感知认知能力需求,分析决策中台支持贷前、贷中、贷后全流程风险控制;在能力中台引领下实施数字化产品与服务创新,建立了涵盖个人和小微信用、抵质押、票据贴现等形态的完整产品体系,应用数字技术,创新打造"空中银行""方言银行""微银行""渝账通"等数字化创新服务。国家电网有限公司以助力新型电力系统安全建设为目标,以保障国家电力安全稳定供应为核心,科学构建"技术引领、人才优先、红蓝一体、攻防一体"的主动网络安全管理体系。将安全第一的理念贯穿能源互联网建设全过程,制定智慧物联体系、源—网—荷—储新能源云、智慧车联网等安全防护措施，实现 7.5 万台边缘设备、32 万台感知终端安全接入智慧物联管理平台，保障数据中台、"网上国网"、工业云网、电力市场现货交易等公司数字化转型的防护，助力能源互联网建设。

4. 工程与施工管理数字化

从申报企业的管理创新做法看，工程项目领域亟须加快数字化发展以改变项目管理粗放、建设周期长、盈利水平低的现状，通过将数字技术与工程项目全过程管理深度融合，激活数据要素潜能，优化资源配置效率，重塑项目管理模式。企业从数字化协同设计、工程物资编码管理、数字化工地建设、数字化人才培养等方面，不断提升项目管理和施工现场的精益管理水平。

中国铁建重工集团股份有限公司以数字模型为主线，通过搭建贯穿产品全生命周期和工厂级隧道环境的数字模型，实现对装备设计、制造和运维的全生命周期数字化管理和智能装备群的一体化协同施工，显著提升了工程施工的质量、效率和效益。铁建重工围绕数字主线从横向与纵向两个维度搭建基于数字模型驱动的复杂地下工程装备智能化升级框架。横向围绕地下工程装备市场调研、产品策划、设计开发、生产制造、产品验证、交付与服务的需求，建立贯穿产品全生命周期的数字主线，实现各数字化系统之间的无缝集成。纵向围绕数字主线推动产品智能化技术升级，搭建贯穿产品全生命周期的数字模型，搭建实时数据交互的产品数字孪生系统，开发地下工程装备设计、制造、运维一体化协同研发平台，实现数字样机与数字孪生技术在复杂工程装备全生命周期的应用，为智能化产品研发、智能制造、智能机群一体化协同施工提供数字化技术和平台保障，实现装备全生命周期物理空间信息在数字空间的精准镜像和虚实交互，提升重大工程施工质量和实施效率，降低施工成本，促进复杂地下工程装备的迭代优化。上海隧道工程股份有限公司提出隧道全生命周期数字化运维管理理念，综合考虑规划、投资、设计、建造等环节对设施运维的影响，以全生命周期的数据为核心，注重设施运维风险、设施健康状况、运营服务性能等关键指标，实现全生命周期综合效益最大化。从隧道全生命周期运维角度出发，建立面向数字化运维的数据标准，统一管理并整合隧道全生命周期数据资源。在评价标准、运维管理体系及数据标准的基础上，基于全生命周期管理理念，应用数字化技术，研发隧道全生命管养平台作为全生命周期数字化运维的载体，实现"一屏观设施、一网管运维"。通过建立城市隧道评价标准、构建运维管理体系、搭建数字化管养平台、应用先进运维技术、实施全生命周期统筹管理等做法，提升隧道设施的自身性能和服务性能。

5. 组织结构与流程数字化

不同于单一业务或者单一职能的数字化，一些企业开始探索全面的数字化流程再造和组织变革，这种做法涉及企业内部全层级、多专业的协同，集成了所有的数字能力，从而重新塑造企业的核心能力。企业借助数字技术的全面应用，超越了传统IT信息化，实现面向未来敏捷、灵活、以"数据"为核心的运营，以及提升未来业务创新的能力。通过数字化转型，企业构建了一种围绕持续数字化过程的敏捷性文化，具体的规律性表现有三种：以客户为中心的创新、创建适应性环境和设置共同的转型目标。

中国移动通信集团天津有限公司以专业化的组织、人员为保障，以精细化的AI平台为支撑，对行业用户数据进行关联、细分和挖掘，进行AI赋能顶层设计的体系化规划和实施，将AI嵌入公司运营管理主体流程，重点打造"六新"AI赋能管理体系，即"新市场、新网络、新服务、新运营、新管理、新安全"。重庆长安汽车股份有限公司基于数字化转型战略，大胆变革创新，开展数字化经营管理模式构建与应用。在确定总体规划、制定实施路径与策略、搭建矩阵式团队的基础上,建设以体系架构、主线流程、指标体系为核心的流程管理体系,并通过建立体系框架、建设管理标准、开展数据治理,创建数据管理体系。

三、坚持科技创新,塑造新型研发体系

我国科技创新的引领能力还不够强,特别是在关键核心技术领域还缺少重大突破,原创能力、颠覆性创新能力较弱。强化科技创新才能实现补短板、避免"卡脖子",保障产业链供应链安全。企业创新做法主要体现在战略技术创新(14.63%)、原创技术创新(21.95%)、创新数字化管理(26.81%)、关键核心技术创新(36.62%)(见图1-12)。

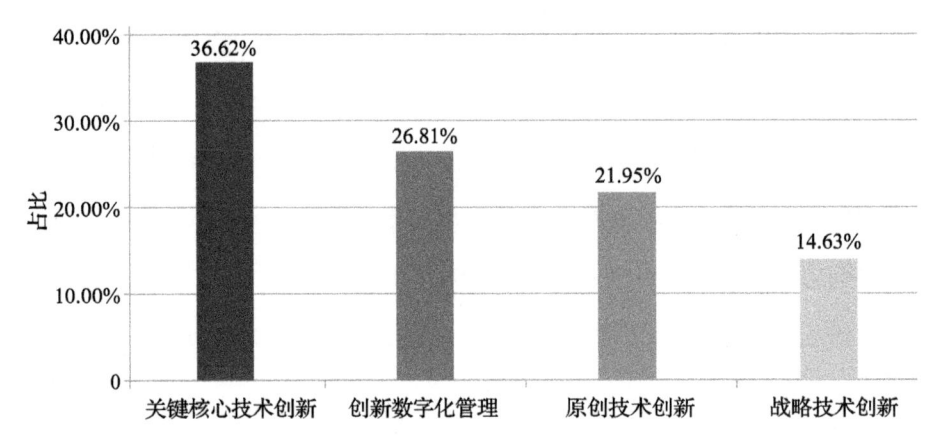

注:数据统计中,战略技术创新包括复杂系统创新。

图1-12 科技创新维度企业创新实践的主要做法

1. 战略技术创新

科技自立自强是国家发展的战略支撑。我国要充分发挥科技创新的引领带动作用,在重要科技领域实现跨越发展,推动关键核心技术自主可控,加强创新链产业

链融合。科技领军企业是国家战略科技力量的重要组成部分，一方面要发挥市场需求、集成创新、组织平台的优势，打通从科技强到企业强、产业强、经济强的通道；另一方面要以企业牵头，整合集聚创新资源，提升我国产业基础能力和产业链现代化水平。在复杂产品和系统创新方面，企业要主动把分门别类的技术形成技术体系，从能力建设组织、项目执行组织、共性技术组织等方面构建支撑复杂产品创新的组织体系，建立复杂产品开发的协同机制与流程。

中国石油牵头组织实施"大型油气田及煤层气开发"科技重大专项，以提升我国石油工业科技创新能力，确保油气能源中长期发展规划目标的实现，提升我国石油产业整体能力。经过12年实践，该项目在高质量全面完成各项攻关任务的同时，在创新工程实施和创新体系建设方面取得重要突破，成功实现跨界联合和合作，打通创新链，显著提升了产业创新能力，让我国三家主要石油企业进入全球第一梯队。中国运载火箭技术研究院面对某工程的深度不确定性、高度复杂性、时间窗口期极为有限等管理挑战，以高质量实现"国家的、科技的、以工程为背景的"多重目标为指导思想，积极应对科学原理突破、攻关路线选择、多任务线研制策略选择等工程管理问题，继承和发展航天系统工程理论，明确实施国防重大科技工程管理的指导原则，确定一体统筹和分类精准管理多任务线，以全程评估支持分段决策从而有效辨识和化解风险，以并行研制支持多路径探索，从而提高研制效率，全面牵引国家在该领域的基础研究、核心技术攻关和保障条件建设，有效化解某工程面临的重大能力和资源约束，为中国抢占该领域的科技制高点，赢得与强敌战略博弈的主动权奠定坚实的基础。

2. 原创技术创新

原始技术创新在我国经济发展中的作用日益重要，我国企业从产业端、科研端双向发力，在科技成果转化管理方面进行创新探索。对于原创技术创新，无论是从产业端，还是从科研端发力，首先就是要打通创新链。原创技术创新的创新链需要依托于组织平台，或者依托原有组织平台，或者新建组织平台。此外，原创技术创新的成功对人才的依赖程度高，所以要聚集人才，激励人才，尤其是采用适合原创技术创新的股权激励。

北京空间飞行器总体设计部创新地提出航天器的"系统可信"研制管理新理念，从航天器设计、验证、过程控制及团队建设四个维度建立实现系统可信的框架，构建了系统驱动的设计机制、智能驱动的验证机制、数据驱动的过程控制与确认机制，以及人员可信的四维模型和成长机制，实现了高标准、高质量、高效率圆满完成嫦娥五号任务的要求。北京遥感设备研究所针对以自主设计为基础的芯片技术，理顺核心技术创新链条各环节之间的关系，开展从基础研究立项、应用技术开发、产品试制改进到组织机制调整，再到市场化、产业化发展的全链条管理优化，突破以高端芯片为代表的原创技术，实现了"创新链—产业链—创新链"的双向反馈。

3. 技术创新的数字化

产品系统数字化、技术创新过程的数字化是我国企业正在努力的重要方向。产品数字模型是技术创新数字化的核心。产品数字模型可以沿着产品生命周期来构建，也可以沿着产品结构来构建。研发流程的数字化是技术创新数字化的重要方面，很多企业是先探索研发流程的数字化，然后再从研发流程数字化升级到技术创新的数字化。研发流程的数字化涵盖流程控制、流程协同、与产品数字模型的融合等方面。数字化研发和智能制造的协同从两个层面展开，分别是企业层面和制造执行系统层面。从企业层面来看，企业信息系统中要实现研发和智能制造在产品维度和流程维度的协同。从制造执行系统层面来看，研发和智能制造协同实现多品种、小批量甚至单件产品的个性化设计和生产。

山东航天电子技术研究所从全面提升快速设计能力、精益生产管理能力、先进生产制造能力、全面产品保证能力和数据深度挖掘能力出发,将"精益管理技术""数字化技术""智能制造技术"深度融合创新,开展以提升五大能力为导向的数字化研制体系构建与实施,实现信息流驱动生产要素和资源运行的模式,达到快速动态响应和敏捷制造的效果,为圆满完成航天重大任务和企业创新发展提供有力支撑和保障。中国船舶集团有限公司第七〇一研究所(以下简称七〇一研究所)将产品全生命周期中的数据、信息和知识进行整理,以几何、属性、标注的形式融入三维模型,结合信息系统建立便于系统集成和应用的产品模型和过程模型。七〇一研究所系统规划了舰船行业数字化模型标准体系,并以此为基础,结合面向产品数字化定义技术不断修订完善,形成能够覆盖舰船行业产品数字化研制全过程的数字化模型技术标准与规范体系,支撑数字化研制体系的形成。

4. 关键核心技术创新

对于关键核心技术和"卡脖子"技术创新最为重要的是,通过研发、建设与运营的协同,把关键核心技术、"卡脖子"技术与应用情景之间的距离缩短,通过迭代实现关键核心技术和"卡脖子"技术的突破。

中国联合重型燃气轮机技术有限公司(以下简称中国重燃)首创提出"科研工程化"理念,探索形成以"科研内核、工程驱动,架构引领、系统集成,链条贯通、整体提升"为主要特征的新型科技攻关模式,并以此构建有效贯通科研与产业化的重型燃气轮机工程技术创新体系,高效集聚全产业链碎片化资源,建立自主产品正向开发流程,攻克材料领域关键核心技术,培育自主可控的试验试制能力,形成涵

盖 "1+3"（技术状态 + 质量、进度、成本）核心要素、有别于传统科研/工程企业的"工程化"项目管理方法。华能澜沧江水电股份有限公司形成了一套突破世界技术难题的流域水电工程项目建设运营管理方式，在跨境流域保护开发及国家重大水电基础设施建设中创造了一批重要经验和重大成果，在行业发挥了引领示范和带动作用。建成世界上首座 300 米级混凝土特高拱坝、坝高 261.5 米的亚洲最高黏土心墙堆石坝、坝高 203 米的国内最高碾压混凝土重力坝，创造出的一系列世界水电的新规范、新标准推广运用到国内多座巨型水电站建设中，发明了世界首创、中国原创、具有中国完全自主知识产权的水力式新型升船机，在世界高坝通航领域创造了中国品牌。

四、创新经营模式，探索服务化管理

生产性服务业是与制造业直接相关的配套服务业，先进企业通过在制造中包含服务、在服务中进行制造，使两者深度融合，推动制造业服务化发展。企业创新做法主要体现在提供与优化行业性服务（32.43%），技术咨询与质量提升服务（24.32%），构建交易平台与服务平台（16.22%），提供金融与法律服务（16.22%）（见图 1-13）。

1. 提供与优化行业性服务

行业性服务包括细分领域的金融服务、全面行业服务体系、智慧用能服务、电力和邮政综合服务等，主要是传统行业企业业务延伸所产生的服务类型。例如，商业银行为发挥企业在产学研融合中的主体作用、服务高等院校推进科研经费"放管服"改革及在教育领域金融服务市场打响现代服务业金融品牌，面向高校类机构客户和科研人员类零售客户，推出了全新的科研经费服务。此外，城市电厂转型为综合能源供应服务商，水电企业转型为中小水电托管运营主体，新材料转制科研院所为推动产业高质量发展提供全面标的的行业服务，石油销售企业的 O2O 综合服务等做法，都是传统企业增值性主动行为，探索具有自身特色的服务模式，提升竞争能力，拓展创效空间。

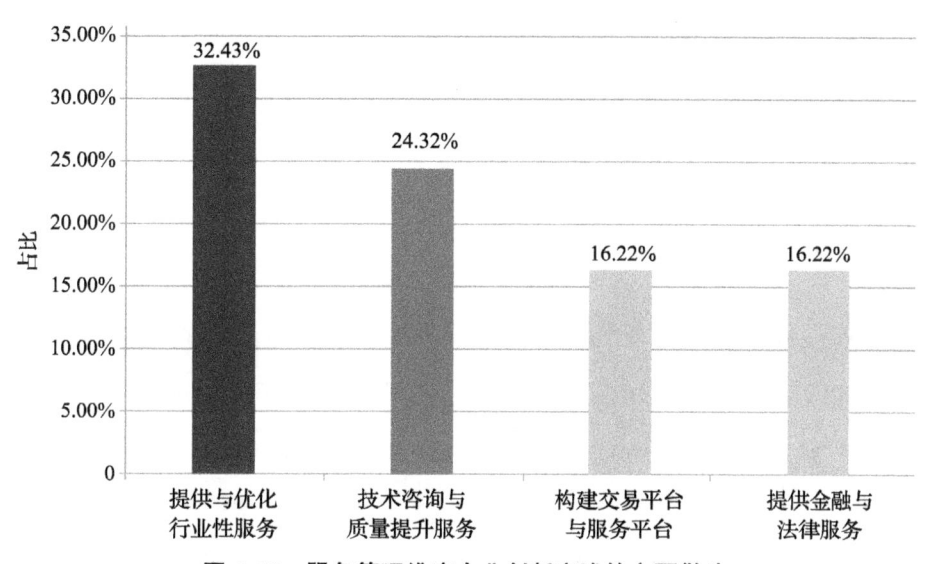

图 1-13 服务管理维度企业创新实践的主要做法

中国石化销售股份有限公司坚持以客户为中心，以解决卡车司机"饿、脏、苦、怕、愁"5 大痛点为切入点，通过统一"选点、形象、功能、验收"建设标准，突出"安全服务、会员拓展、营销组织、合作增值"运营理念，全面构建"卡车司机之家""2+7+X"服务体系，实现线下服务实体与线上应用平台的交互融合，全面升级加油站服务能力，持续优化加油站"人—车—生活"生态圈，改善物流运输行业从业环境，全力打造一个让卡车司机"信得过、靠得住、离不开"的"爱心驿站"，一个"安心、舒心、贴心"的"劳动者港湾"，"一个在路上的家"。中铁第一勘察设计院集团有限公司坚定执行"思想优先、资源优先、政策优先、保障优先"的"海外优先"发展战略，坚持做"政府购买服务的优质提供者、区域经济发展的深度参与者、政府与经济社会发展的责任担当者、国家战略的卓越践行者"，积极推动咨询管理业务加速出海，带动技术标准、工程建设、先进装备、服务管理等全方位输出，从管理体系、团队建设、方案规划、咨询实施、保障措施、属地化 6 个方面推进斯里兰卡南部高速公路延长线全过程咨询服务，充分发挥高端跨国咨询团队的智慧和能力，制定系列咨询服务内控制度、实施计划和指导手册，建立国际咨询工程师绩效考核体系和国际工程财务计量体系，在设计审查、施工监理、合同管理等咨询服务中满足精细化管理要求，从而达到高质量交付并如期通车的工程目标。

2. 技术咨询与质量提升服务

这是生产性服务业最具竞争力的部分，例如装备制造企业的远程运维、质保体系等服务，以及新型产业领域的科技研发、项目咨询、信息服务、检验检测、节能环保等服务内容，生产性服务业与制造业的融合发展成为制造业转型升级的有力支撑。企业基于技术评价实验室，为关键核心技术攻关和科技成果转化及产业化提供问题诊断、分析试验、改进验证等技术支撑；通过参与产业链供应链全过程质量技术攻关，实现对新产业、新业态需求的新型认证；通过开展重点行业质量诊断、质量分析比对、质量管理培训、品牌培育等活动，持续加强对制造业质量管理升级和产品质量提升的支撑服务能力。

南京玻璃纤维研究设计院有限公司秉持"做大新材料制造业，做强新材料服务业"的理念，围绕新材料产业的发展需求，构建工程设计、标准化服务、测试评价、人才培养、技术交流、信息咨询"六位一体"的行业服务体系，并聚焦工程设计以推动行业技术全面进步，打造标准化服务标杆以塑造新材料行业国际话语权，建立测试评价服务体系以提升我国新材料产业质量，拓展行业技能鉴定站功能以赋能行业人才培养，搭建国际交流平台以推动我国新材料行业政产学研用协同发展，做好"智库外脑"为新材料行业制定发展战略。中国移动通信集团浙江有限公司宁波分公司以提升互联网数据中心（IDC）绿色智能运维管理能力为突破重点，实现多维度的电信运营数据中心绿色节能智能运维，逐步实现互联网数据中心更加"绿色化、信息化、自动化、高效化、集约化、安全化"的绿色智能运维目标，为公司创造持久强劲的社会效益和经济效益打下优良基础。

3. 构建交易平台与服务平台

企业创新的服务管理平台有基于大数据的诚信体系、企业公共资源交易服务平台、电力现货市场动态报价平台、数智化合同管理平台、基于电子交易平台的全流程在线招标平台等，完善和丰富了生产性服务管理创新的内涵。例如，针对企业招标采购涉及面广、量大等问题，交易服务平台则可将央企所需的工程、服务、货物的招标采购和销售，以及承（分）包商、供应商的产业链供应链一体化管理和服务，全面集成在一个分级应用、统一集成的一体化平台中，利用系统的信息发布、全流程电子交易、招标采购审批与监管等功能，为企业内外的用户提供更全面的服务。

中国移动通信集团有限公司利用人工智能先进技术，明确数字化、智能化发展方向，构建数智化合同管理平台，有力促进中国移动合同管理集中、规范，实现合同智能审查、智能评估、智能展示、智能客服、智能搜索，促进合同管理从数字化向智能化转型，并打造推出面向企业法务垂直市场的"中移獬智""1+5+X"（1个平台，5项通用能力封装，X可定制开发）智慧合同产品体系。中兵投资管理有限责任公司通过在香港设立投融资平台，全力构建跨境金融服务体系，有效解决中国兵器工业集团公司部分成员单位在境外业务拓展中遇到的融资难题，攻破境外紧急用款的资金保障痛点，同时降低综合融资成本，有力支持中国兵器工业集团公司成员单位降本增效。

4. 提供金融与法律服务

企业的做法主要包括全生命周期法律服务、供应链金融服务、公司法律管理、跨境金融服务平台等。尤其在供应链金融服务方面，核心企业通过运用云计算、区块链、大数据等前沿技术，自建供应链金融平台解决供应商的资金难题。依托供应链金融平台和大数据模型，可以将企业与产业链上下游企业深度绑定，通过交易数据的收集、清洗、整合、加工、分析，对供应链上下游的中小微企业进行风险画像，建立全生命周期的信用体系，并将核心企业的优质信用传递到供应链上游，为中小微企业提供基于真实贸易背景的在线金融服务，解决中小微供应商"融资难、融资贵"的资金痛点。

三一集团有限公司自主研发了工程机械行业首个供应链金融平台——三一金票平台。"金票"是由三一集团有限公司成员单位向供应商开具的体现交易双方基础合同之间债权债务关系的电子付款承诺函，具有可转让、可拆分、可流转、可融资的特点。中信银行股份有限公司紧跟科技创新国家战略，为发挥企业在产学研融合中的主体作用、服务高等院校推进科研经费"放管服"改革，以及在教育领域金融服务市场打响现代服务业金融品牌，面向高校类机构客户和科研人员类零售客户，推出了全新的科研经费服务。

五、推动低碳发展，实现绿色化经营

节能减排和绿色低碳生产要求企业消纳或使用清洁能源，精细管理工业企业工艺、制造、物流等环节，有效降低能耗和碳排放。企业创新做法主要体现在新能源业务开发、消纳与使用（43.24%），低碳与减碳管理（21.62%），项目绿色化开发建设与管理（18.92%），减排减废与循环经济（16.22%）(见图1-14)。

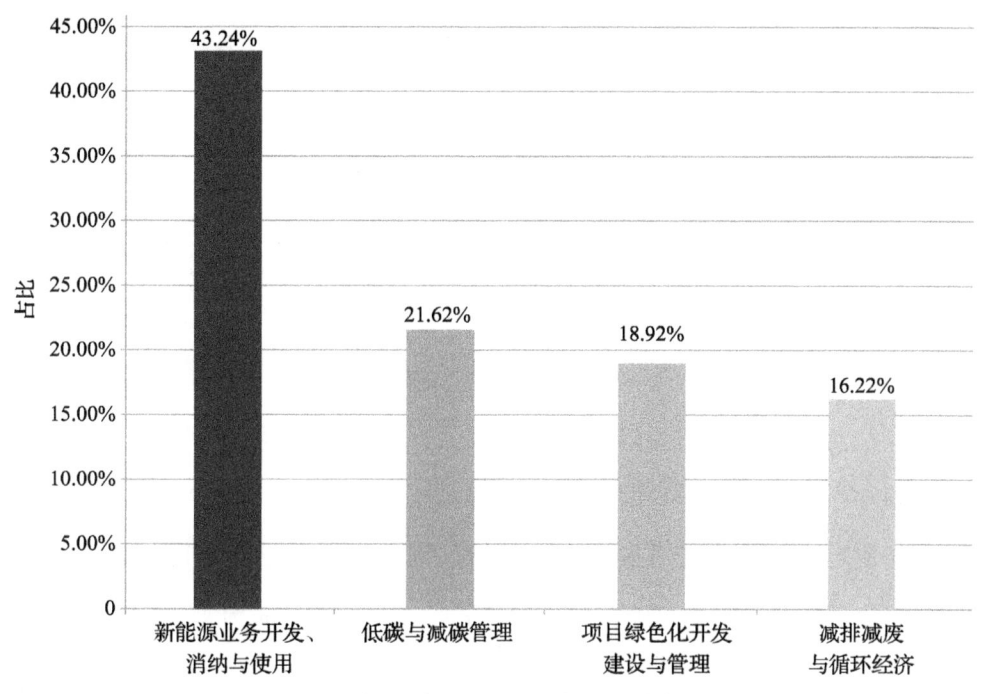

图 1-14 绿色低碳维度企业创新实践的主要做法

1. 新能源业务开发、消纳与使用

企业开发新能源的方式呈现多元化、系统化特征，在开发分布式能源、潮流能、海上风电等新能源发电项目的过程中，企业克服关键技术、特殊地质条件等难题，实现施工管理、建设管理、运营管理的全过程创新。例如，通过世界首座潮流能电站的可持续商业化运营管理，推动了海洋潮流能科技研发和创新，实现了技术研发的大突破，抢占了潮流能开发利用的技术制高点。在新能源电力消纳方面，电网企业构建新能源服务体系，基于新能源电力科学规划电网建设，并利用市场机制、跨区域协同实现新能源大规模消纳。因此，发电企业能够实现战略引领的综合能源服务转型，供电企业能够提供以实现绿色发展为目标的"清洁能源+"服务管理，提升城乡智慧用能服务管理水平，绿色电网最终助力"30·60"双碳目标的实现。

华能国际电力江苏能源开发有限公司清洁能源分公司坚定不移地实施海上风电开发战略，把海上风电开发作为清洁能源产业的战略核心，已成为中国华能集团有限公司的重要战略支点。通过海上风电建设运营管理有效的管理实践，华能国际电力江苏能源开发有限公司清洁能源分公司海上风电标准化、规范化、科学化的管理水平不断提升，在业界形成了较强的产业优势和品牌影响力。中国华电集团有限公司深入贯彻国家能源安全新战略，持续推进"五三六"战略，立足能源发展新阶段，贯彻绿色发展新理念，坚持战略引领，通过体制机制创新、布局六项业务、打造综合能源服务信息体系、加速关键核心技术攻关、构建产业生态等举措，提升综合能源服务管理水平。自综合能源服务转型管理实施以来，综合能源服务试点取得了积极成效，加快推进了综合能源服务业务发展，综合能源服务能力得到显著提升，关键技术和商业模式取得创新突破，服务价值和社会效益明显提升。

2. 低碳与减碳管理

企业纷纷围绕"双碳"目标进行转型发展和竞争力重塑，以国家重大战略和产业发展需求为目标，开展节能增效改造、超低排放改造、新型储能技术、氢能及燃料电池技术、CCUS（碳捕获、利用与封存）技术研发，力求掌握技术制高点、行业话语权和竞争主动权，为能源未来产业的发展夯实技术基础。构建全方位减碳服务管理体系，将减排贯穿于整个产业链，从而实现低碳、绿色和循环的发展模式，全面支撑"碳达峰、碳中和"目标。

国网浙江省电力有限公司以电网为平台枢纽，贯通"电力—能源—碳排放"链条，构建围绕"电网—电力—全社会"的全方位减碳服务管理体系。聚焦高弹性电网建设，促进电网自身减排，服务清洁能源安全消纳；主动延伸业务链条，助力电力能源上下游产业链减碳服务，推动能源供应清洁减碳、能源消费提效降碳；通过能源和电力数字化升级,形成精准智治的全社会节能减碳格局;同时,构建减碳评估和市场化的机制,形成闭环管理,促进电力绿色转型与全社会节能减碳协同增效,形成了一套适用于电网企业的减碳服务管理体系。中国电力工程顾问集团有限公司推进战略、组织、产业、要素、平台、机制六个方面转型,着力构建战略发展新任务、绿色品牌塑造新基础、一体化服务新格局、高端化发展新动能、合作共赢新生态、市场化运作新制度,系统实践一套基于"双碳"目标转型发展与竞争力重塑的"六转六新"卓越管理发展模式。

3. 项目绿色化开发、建设与管理

企业在建筑、矿山、电网、公路等工程项目勘察、设计、建设、生产经营过程中,以开发、建设活动不破坏生态环境为原则,以国家绿色标准为基础,以新型环保节能型设备和绿色施工技术为支撑,以生态修复治理为保障,以提高资源利用效率为核心,创新了绿色工程施工、资源节约与环境友好、生态修复的绿色管理发展新模式。

中国中铁股份有限公司确立了"一个核心、两个方面、三个环节"的绿色发展管理思路,即围绕"绿色发展"一个核心,统筹推进"产业绿色化"和"绿色产业化"两个方面,抓实"源头防控,过程控制,末端治理"三个环节,建立健全了绿色发展体系;推进资源综合利用,发挥区域协同优势,构建了可持续发展的经济发展模式;全方位全过程推行绿色规划、绿色设计、绿色制造、绿色施工,打造了绿色工厂、绿色工程、绿色建筑、绿色矿山,形成了生态环保与效益协同共进的发展机制,经济、社会、生态环境效益明显。中铁建工集团有限公司始终坚持绿色建设与品质化发展双轨并行、融合发力,通过绿色施工、绿色技术、绿色责任、绿色标准打造了高品质、高质量的奥运工程。在"三场一村"项目建设过程中,紧抓绿色施工内涵，实施绿色施工管理，形成了一套符合企业自身特点的绿色施工标准和模式，为环境敏感区工程的绿色施工积累了宝贵经验。

4. 减排减废与循环经济

以无废矿山、淤泥填埋场绿色处置等实践为例，企业对生产、深加工过程中产生的固废、废水、废气、余热等综合循环利用，降低能耗物耗，减少污染物排放，努力实现全产业链的清洁循环利用；更有企业独创了以废旧物资管理、设备返厂维修、仓储平衡利库为特色的修旧利废管理职能体系成果。此外，企业创新的绿色低碳发展模式在生态环保、乡村振兴等方面也取得了显著的成果。

陕西延长石油（集团）有限责任公司（以下简称延长石油集团）研究院以能源化工产业 CO_2 近零排放和油田 CO_2 驱油封存为核心目标，统筹石油、天然气和煤炭资源高效开发与低碳转化，兼顾提高油田采收率，协同推进基础理论研究、技术开发、装备研制、集成示范、低碳循环产业发展、商业模式创新和相关法规政策完善，全力提升延长石油集团碳捕集、利用与封存产业一体化技术水平及核心竞争力，助力我国实现"碳中和"目标。中交一航局生态工程有限公司在践行"绿水青山就是金山银山"的发展理念、高效解决历史淤泥填埋场遗留问题和提升企业固废处置领域核心竞争力的背景要求下，制定青凝侯项目的绿色处置方案，研发了一套固废处理领域专业技术成果，实现了绿色处置目标，美化了周边的自然环境和社会环境。

六、坚持激励导向，构建人才培养体系

企业发展离不开人才的培养与有效管理，组织能力提升的重点越来越趋向于员工思维、员工能力及员工治理。企业应主动为员工创造成长环境，搭建向上的职业

发展通道梯子，通过营造企业内部的竞争氛围，激发员工创新活力，在尊重人性的基础上，创造出一个既能满足员工需求也能够实现组织管理目标的新管理模式。企业创新做法主要体现在人才战略与人员配置（37.14%）、绩效薪酬（34.29%）、职业发展（14.29%）、能力提升（14.29%）(见图1-15)。

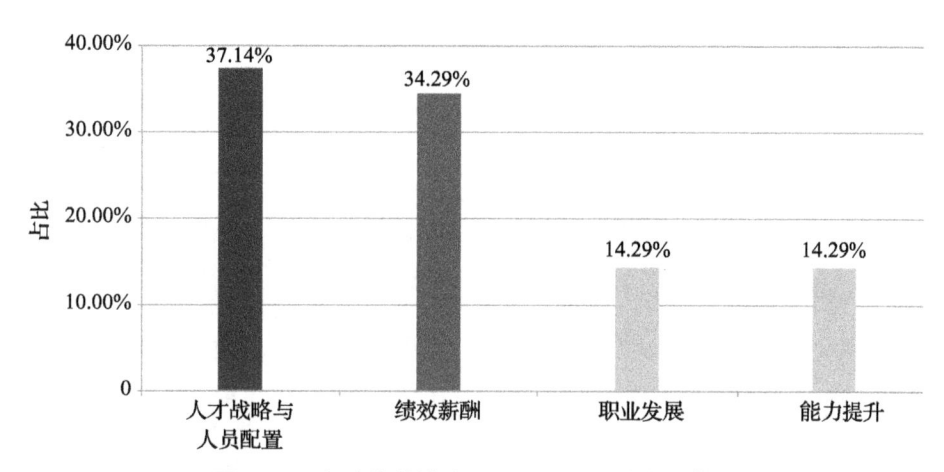

图1-15 人才培养维度企业创新实践的主要做法

1. 人才战略与人员配置

人才引进与培养战略包括领军人才、创新人才、干部队伍、技能人才、职工教育等多元化、全面的人才培养与激励。在领军与创新人才方面，企业聚焦新领域、新技术，加快稀缺人才资源的汇聚和重点专业人才的培养，汇聚和用好领军人才，靶向式引进科技创新人才。例如，申报企业聚焦关键核心领域，建立领军人才"关键技术能力、关键领导力、关键经验"的人才胜任力模型，精准定位集团人才缺口，以"科研承担、科研成果、行业地位、获得荣誉"四个方面为导向，精准识别优秀人才，加大高精尖人才引进的力度，构建矩阵式人才培养机制，有效支撑了国家战略科技力量打造。在干部队伍建设方面，企业围绕党的理论、党性教育和专业化能力培训、知识培训构建干部教育培训体系，突出"双基"导向（注重放在基层一线培养历练干部、深入基层一线考察识别干部），形成涵盖选拔、培育、管理、使用各个环节的全链条培育机制。在技能人才培养方面，建立"纵向畅通、横向互通"的多元发展职业路线，构建了经营管理、技术业务、操作技能"三通道"人才培养体系，从产业工人队伍筛选并培养技能大师，通过建立技能大师创新工作室、劳模创新工作室，充分调动一线工人的积极性、主动性和创造性，实现成长通道与员工个人职业生涯无缝衔接。

河钢集团邯钢公司按照高质量发展要求，结合装备大型化、现代化对人才的高素质要求，实施人才培训管理，聚焦"市场、产品"，推进产品结构、客户结构优化，将客户端对产品的要求衍射到对经营管理、技术业务、操作技能三个通道的人才素质要求，明确人才培养目标，健全人才晋升成长通道，构建高效职业培训体系，搭建多个精细化实践平台，实现靶向培训，完善评价体系，健全使用激励机制，持续提升人才培养质量和效率，使三支人才队伍素质得到快速提升，为满足客户端需求、打造精品产品、提升企业市场竞争力提供了人才支撑。中国海洋石油集团有限公司（以下简称中海油）面对干部队伍存在结构性断层、分布不均衡，高层次人才和新产业人才短缺等问题，始终坚持党管干部、党管人才，坚持战略导向、问题导向，以建立健全"五个体系"为核心，大力实施"人才兴企"战略，构建了"CNOOC"（政治领导力、战略创新力、运营管控力、攻坚执行力、廉洁自律力）五力素质模型，建立干部不同发展阶段的素质培养体系，实施"海蓝计划、蔚蓝计划、青蓝计划、新蓝计划"四个层级的素质培养体系，覆盖干部成长全过程。

2. 绩效薪酬

企业创新构建以激发人才活力为导向的分类考核、多元化薪酬激励体系，实现增量分享。以构建即期激励和中长期激励相结合的动态激励机制为重点，以建立创新团队虚拟股权激励机制为突破，以健全员工社会保障体系为补充，构建了面向全体员工、突出重点群体的多元化薪酬激励体系。经营团队的模拟股权激励、跟投机制、内部市场机制等，都是企业在此方面的探索和实践，通过采用灵活多样的压力传导和分配机制，调动全员参与管理创效的积极性。在绩效考核方面，考核指标越来越精益化、差异化、与岗位价值和价值创造密切相关，实施分类考核。以概念收益指标为核心的管理体系、以一日经营核算为核心的精智管理、基于价值量化的科技创新型绩效管理体系、以岗位价值和业绩创造为导向的绩效考核与薪酬分配等都是企业在组织绩效考核方面做出的有益探索。

鞍钢废钢资源（鞍山）有限公司坚持以绿色低碳发展为核心、以市场化运营为导向、以提高企业效率效益为根本、以激发企业内生动力为目标，通过"混改+跟投"，建立"国有控股+民营参股+经营管理团队跟投"的混合所有制多元化股权结构，充分发挥国企实力、民企活力和跟投者动力，实现"1+1+1>3"的改革效果。河北建设投资集团有限责任公司加强考核分配管理体系和管理能力建设，推行以功能分类为基础，以价值管理为核心的考核分配体系。围绕"企业分类怎样分、分类考核怎么考、对标赛马如何赛、薪酬标准怎么定"，形成以"对标赛马"为特色的分类考核、差异化薪酬改革机制，建立与企业功能定位、行业特点、发展阶段相适应的负责人考核分配体系，以分级管理明确考核责任，以分类考核引领发展方向，以差异化薪酬体现价值贡献，以战略考核推动重要板块结构调整，在对企业进行科学分类、构建多维考核体系、基于业绩的薪酬差异化、业绩与薪酬双对标、战略考核与奖惩、新业态的中长期激励等方面进行有益尝试。

3. 职业发展

企业不断完善员工晋升成长体系，助力员工自我实现，其晋升机制由单一通道纵向晋升向多通道纵横贯通发展转变。主要经验和关键做法有：一是立足于自身的战略发展视角，拓展晋升通道，积极采用多序列晋升制度，每个岗位有多层职级，员工可以在纵向通道深入发展，也可以在横向通道间相互转换；二是结合不同序列的特点及不同岗位的现实需求，行之有效地搭建清晰化、全面化的晋升标准体系和干部选拔任用机制，确保晋升工作客观公平；三是在青年人才晋升中，打破年龄、学历等的限制，畅通青年干部发展通道，对于能力特别出众或有重大贡献的青年干部，进行破格提拔或越级提拔。

唐山钢铁集团有限责任公司建立"纵向畅通、横向互通"的多元发展职业路线，每个职级都有对应的基本任职资格及破格聘任条件，引入市场化考核、评聘、激励机制，规范岗位设置聘任标准，实施评聘分开，动态管理。打破产业工人和干部身份界限，破解行政管理序列、专业技术序列、操作维护序列之间的身份壁垒，改革人事管理体制和薪酬激励办法，完善高技能人才选拔任用制度，选拔任用优秀的产业工人担任管理与技术岗位，优化产业工人晋升路径，拓宽人才流动渠道，鼓励大学生扎根产线，加入产业工人队伍，提高产业工人队伍整体文化水平。超越科技股份有限公司通过专业的评估方式展现对干部个体的全面评估，从而为公司在识人用人方面提供清晰科学的建议。在干部盘点的过程中，摸索出"三看"原则：看业绩、看能力、看潜力，确定盘点范围后，依据关键绩效指标（KPI）达成指标综合加权看业绩；以360度考评为基础，综合各项能力素质要素看能力；以潜力素质模型为标准看潜力，细化项目评价标准，共设置发展意愿、敏捷学习、成熟度、诚信领导力4个维度，吃苦耐劳、发现错误、专业视野、人际敏感、积极影响、真诚正直、使命必达等20个标准，提升评价的针对性和有效性。盘点结束后，公司对盘点结果进行严格的应用执行，保持政策刚性及公信度，明确公司在干部队伍建设过程中的价值导向。公司严格贯彻"公开、平等、竞争、择优"的原则，结合员工意愿和干部盘点结果，对所有中层及以下层级干部岗位进行重新竞聘，所有岗位空置待岗，能者上，庸者下。

4. 能力提升

能力提升的主要方式是实现员工自驱动管理。企业按照责、权、利相结合的原则，以最小业务单元为单位确立经济责任制，层层落实生产经营计划指标，通过强化压力传导和利益引导，实现员工利益取向与公司一致，引导各级人员主动关注市场，自发挖潜增效，实现员工自主管理。例如企业通过全面推进五维自驱管理、"3+1"员工自主管理模式（阿米巴、标杆创建、班组管理标准化＋特色企业文化）等，在实践中探索可复制、可持续的长效管理机制，切实激活企业发展的内生动力。尤其在基层业务单元管理方面，企业立足班组建设，激活灵活多元的末梢生产组织动能，激发出自驱动、自组织、自创新、自改善、自涌现的内生动力，最大程度释放员工创造力。推进"扁平化、宽层级、短流程"的营销组织变革，建设卓越班组，划好责任田，建立微组织；选好责任人，公开选聘 CEO；落实责任制，明确考核激励；倒三角服务，开展逆向评价；监督评价督导，防范经营风险。

中国兵器工业集团人才研究中心立足兵器工业集团在党组管理的领导人员管理创新实践中掌握的综合考评、培养培训、薪酬激励、廉洁自律等信息数据，构建领导人员关键行为绩效模型，绘制关键行为绩效雷达图，形成体系化的"选拔任用—知事识人—素质培养—正向激励—从严管理"五大雷达图群，推动领导人员管理实现"三个转变"：从即期向即期与中长期相结合转变，从单个环节管理向全链条管理转变，从单个职务管理向全职业生涯管理转变，有效提升领导人员管理效能与效率，促进领导班子选优配强，打造一支能够充分履行强军报国核心使命的高素质专业化领导人员队伍。京东方科技集团股份有限公司通过探索组织机制创新，明确核心人才标准，健全人才管理顶层设计，构建了创新技术人才护城河；通过建立健全短中长期相结合的激励体系，落实市场化薪酬分配制度，驱动了骨干员工队伍建设，并逐步建设了一套系统的核心人才管理体系。

七、打造一流企业，开展国际化经营

发展与成长是高质量管理的目标。高质量发展要求企业在提升经营质量和效率的同时，还要保持一定的增长速度。此次申报材料中，企业在跨国经营和业务拓展方面表现显著。企业创新做法主要体现在提升跨国、跨文化经营能力（41.67%），创新业务发展模式（29.17%），提升竞争力与构建世界一流企业（20.83%），打造鲜明企业文化（12.50%）。业务拓展维度企业创新实践的主要做法如图1-16所示。

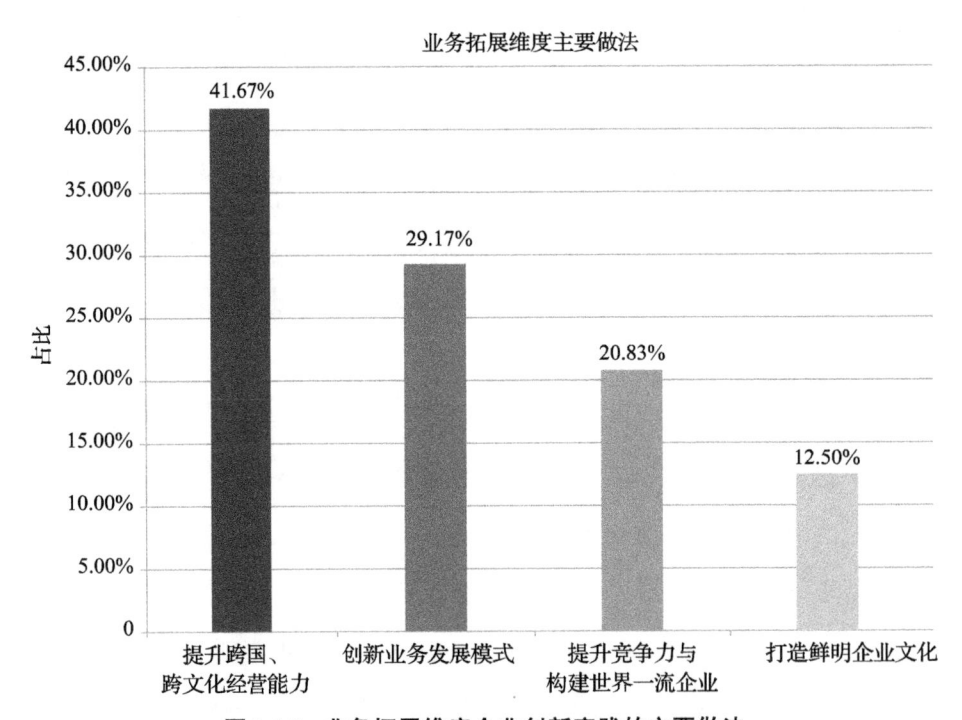

图1-16 业务拓展维度企业创新实践的主要做法

1. 对标一流企业，提升综合竞争力

企业应用"新五力"（即国有经济竞争力、创新力、控制力、影响力、抗风险能力，以下简称"新五力"）战略管理，提升综合竞争力。企业以"创世界一流企业"

为目标，以"第一"为使命，把"第一"作为一切工作追求的目标和出发点；以"开放"为路径，不断学习和借鉴国际先进的技术、经验和模式，与最优秀的公司合作，整合全球资源；以"创新"为己任，挑战不可能。企业构建了"品牌六边形模型"的品牌战略、客户导向型管理体制、国际高端产品品牌，提升经营和发展质量。

山东能源集团有限公司以打造世界一流能源企业战略为指引，推进市场化精益化融合管理，是以内部市场化为基础，通过植入精益思想和精益管理工具，对市场化经营理念和精益化管理理念进行融合，将市场主体、市场要素与精益管理主体、管理要素等进行接合，着力推进精益生产与产品市场、精益成本与要素市场、自主改善与创新创效、精益管理与市场经营、市场化精益化与基础管理五项融合，推进管理融合全员参与、全要素对接、全层级贯穿、全流程融入，构建形成市场化精益化融合管理体系，总结形成市场化精益化融合管理实施经验做法。中国联合水泥集团有限公司河南运营管理区按照中国建材集团"建设具有全球竞争力的世界一流材料投资集团"战略定位，围绕中国联合水泥"做强水泥，做优商混，做大砂石骨料，做好综合利用"业务发展思路，提出实施"6521"发展规划（即水泥产能6000万吨/年，商品混凝土产能5000万方/年，砂石骨料产能2亿吨/年，利润总额100亿元），构建"两核七区，京广一带"战略布局，践行"砂石骨料—水泥熟料—商品混凝土—水泥制品—固废处置—智能物流"六位一体发展模式，实施"固链、强链、延链、补链、绿链"产业生态优化的"五链工程"，推进产业生态协同化、产业基础品质化、产业链条高端化、产业制造数字化、产业过程绿色化，争创"转型升级、绿色发展"的排头兵。

2. 拓展海外市场，开展国际化经营

医药企业、汽车企业、物流企业纷纷拓展海外市场或者开展跨国经营，推进科技创新与国际化经营布局，目前中国企业正逐步走向全球市场，创新全球化趋势已逐步成型。汽车企业成功建立了适应海外业务发展需求的敏捷化、高效化市场管理体系，提升了海外业务发展规划的执行效力，提高了面向海外分布式、多元化国别市场的上下高效协同管理能力，增强了适应不同市场国情的本地化经营能力，并快速培育了一支专业化的海外市场运营人才队伍。建筑企业和煤炭企业的国际化经验丰富，海外项目跨文化管理、海外煤矿项目管理、境外企业管控体系的构建等方面的做法非常具有创新性。国际化发展必须依托行业优势，国内企业在"走出去"的过程中，十分注重中国管理经验的输出，将中国方案、中国技术、中国装备、中国管理输向海外市场，企业走出去的底气是过硬的技术、一流的队伍、卓越的管理及成熟的理念。

中国邮政集团有限公司（以下简称中国邮政）浙江省分公司为跨境电商客户提供安全、稳定、高效、专业的海外仓配一体化服务解决方案。中国邮政海外仓具有以下优势。一是大幅降低成本。海外仓模式可以一次性批量运输、报关，减少报关和检验检疫次数，并通过价格更低的海运方式运输，从而降低了各环节成本费用。二是缩短运输配送时间。海外仓提供仓储、分拣、包装和配送等一站式服务，部分海外仓可以提供所在国24小时或者48小时的送达服务，这就大幅缩短了配送时间。三是服务内容更丰富。海外仓可以按照客户的要求，提供本土化的退换货、维修等服务，当需要退换商品时，可以将货品先退回海外仓，再由海外仓提供新货品，避免了烦琐的海关等手续，同时省去了不必要的运输等待时间，缩短服务周期，提升终端客户的购物体验。四是周转快。海外仓可以提供有针对性的选品建议，帮助卖家优化库存，提前备货，降低滞销的风险。五是有效规避汇率风险。运用海外仓模式的跨境企业可以将收到的外币货款存在当地账户，选择时机进行结汇。奇瑞汽车股份有限公司（以下简称奇瑞）提出以"六型"为核心的海外市场管理体系建设思路。一是通过构建"共赢型"合作生态，与海外合作伙伴结成长期"利益共同体"，并为合作伙伴提供系列支持，提高奇瑞在海外市场开发中的主导地位。二是通过打造"赋能型"的国内总部基地，加强国内总部能力建设，为地域分散、国情多元的海外市场开发提供多方位支撑。三是通过建立"创业型"一线团队，推进海外市场高质量、敏捷开发。四是通过实施"精益型"市场管理，持续推动海外市场个性化开发。五是通过树立"责任型"企业形象，为奇瑞海外市场开发创造有利的国际环境。六是通过营造"学习型"组织文化，推动市场开发相关的实战经验、知识技能快速推广应用。

3. 锐意开拓创新，打造新的增长点

企业通过战略性新兴产业拓展、业务整合、战略转型、产业投资管理等，不断寻找新的业务增长点。科技型企业基于核心技术、围绕国家战新产业，实施同心多元业务拓展战略；或者通过技术创新和产业升级，还培育智能装备、工业机器人和绿色生态新材料等新产业，拥有了颠覆性的新技术、新业态、新模式。围绕产业链一盘棋做大、做强、做优、做先，实施固链、强链、延链、补链、绿链，争当产业高质量发展领头雁。

兖州煤业股份有限公司通过确立国际化的发展战略、坚持规范化的公司治理、开展突破性的技术创新、推进资本化的并购模式、坚持系统性的风险防控、注重跨文化的融合发展，加快建立定位准确、规范高效、沟通顺畅、管控有力的国际化运营管控模式，形成具有兖煤特色的管理体系。青岛双星集团有限责任公司（以下简称双星）战略并购韩国锦湖轮胎株式会社（以下简称锦湖轮胎），实现了战略协同，双方资源共享、相互促进。三年以来，双星与锦湖轮胎的战略协同步步推进，在这场跨越体量、国度、文化差异的融合中，双星与锦湖轮胎在品牌、产品、市场及生产等层面频频携手，双方的国际化布局也都在协同合作中焕然一新。

4. 统一管理理念，培育鲜明的企业文化

构建完整的企业文化体系，能够统一管理理念，形成价值并轨，不断提升企业管控能力，真正实现"一条心""一股劲""一盘棋"。企业总结出特有的"家园、花园、校园"企业文化，最终实现形成特色企业文化体系、服务企业高质量发展和满足员工自身需求三重效果。尤其在跨文化经营过程中，企业将中国文化、东道国文化和西方文化作为跨文化管理的三个主体，在具体海外实践中保持对不同文化主体同样的平等尊重态度，尽力实现三边关系的平衡，让各方充分认识到三边关系所构成的不仅是利益共同体，而且是文化共同体和命运共同体，从而为海外项目奠定更加坚实的合作基础。

华能罗源发电有限责任公司以华能集团"三色文化"为引领，按照"两化、三级、五统一"的总体布局和"本质化统一、个性化发展"的建设要求，结合建设生态型工厂、增强职工归属感和打造学习型组织的三重现实需要，秉承建造"60万等级最优技术指标"和"中国最美山海印象文化"明珠电厂的理念和为福建人民提供清洁高效安全能源的初心，发展总结出特有的"家园、花园、校园"企业文化：践行"红色"使命，建设拴心留人的家园文化；践行"绿色"使命，建设生态文明的花园文化；践行"蓝色"使命，建设育人成才的校园文化。通过"三园"特色企业文化，最终实现形成特色企业文化体系、服务企业高质量发展和满足员工自身需求三重效果，为传统火电行业企业文化建设提供管理新思路。国网新疆电力有限公司电力科学研究院（以下简称新疆电科院）为坚持科技自立自强，解决能源转型技术难题和"卡脖子"问题，立足科技型支撑单位的集团公司内部定位，结合"文化建院、科技兴院"的发展布局，开展以"文化建院科技兴院"为引领的建设管理建设实践，即是以电网特色文化立身、科研技术创新立业为驱动力，通过打造"品牌＋活动"创新文化体系引领创新、搞活氛围，通过建立"平台＋服务"科研创新体系推进创

新、提升效能，两者互促共进，形成创新氛围浓郁、创新土壤肥沃、创新果实丰硕的新疆电科院创新生态，从而全面提升员工技术创新能力和公司创新服务水平，把新疆电科院建设成为电力领域一流的创新型企业，支撑建设具有中国特色国际领先的能源互联网战略目标在新疆落地，服务新疆与全国电力行业发展。

八、优化管控体系，推动治理现代化

国企改革是全面深化改革的重要组成部分。在深化改革方面，需建立有效制衡的公司法人治理结构、将党的领导融入公司治理、开展三项制度改革、打造灵活高效的市场化经营机制等多措并举的方式。企业创新做法主要体现在集团管控体系构建与优化（57.14%），混合所有制改革与参股企业分类管理（23.81%）、风险管控体系构建（14.29%），公司治理体系和治理能力现代化（14.29%）。集团管控维度企业创新实践的主要做法如图1-17所示。

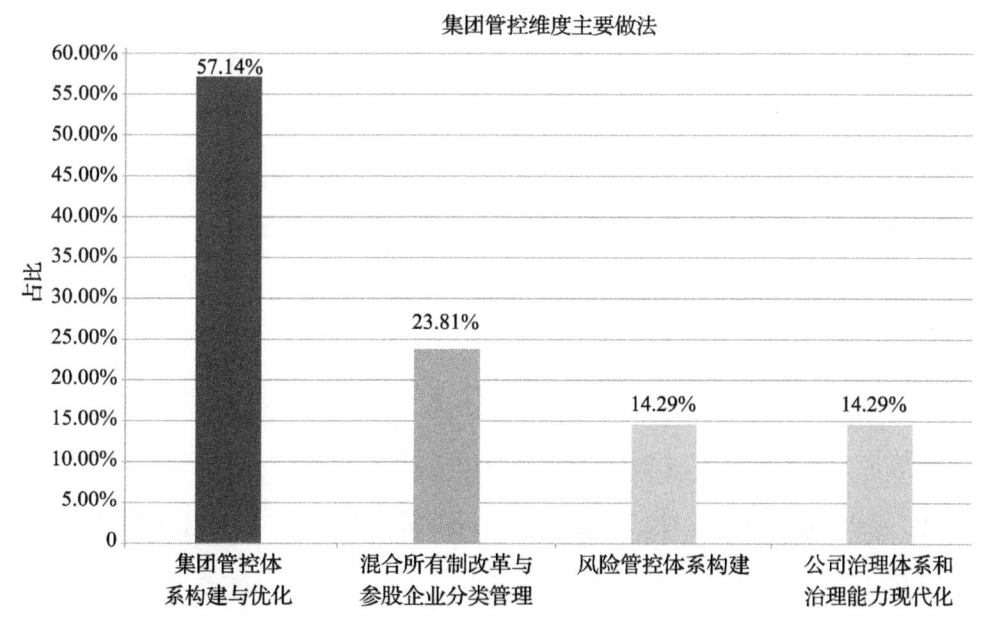

图1-17 集团管控维度企业创新实践的主要做法

1. 构建与优化集团管控体系

构建中国特色现代企业制度，要通过集团管控体系构建及不断优化，改革集团管控体制机制。企业集团通过设计组织架构、管控模式、权力清单、制度体系、监督机制五个要素，相互配合、有机协调，形成有效运行的集团管控体系，采用战略管控、财务管控和运营管控相结合的分类混合管控。集团总部、二级企业、三级单位功能定位，上下权责界面更加清晰，按照不同产业类别确定差异化的管控模式。例如国有资本投资公司"资本＋产权"的集团管控体系、面向重大项目的内控体系等，通过深化与优化管控模式，进一步推进国有资本授权经营机制改革，进一步完善总部功能定位和集团管控模式，做到层层"松绑"，全面激发各级子企业活力，促进企业高质量发展。

中国核工业集团有限公司（以下简称中核集团）坚决推进中国特色现代企业制度建设，构建以产权为纽带的母子公司管理体制，通过设计组织架构、管控模式、权力清单、制度体系、监督机制"五个要素"，相互配合、有机协调，形成有效运行的集团管控体系，采用战略管控、财务管控和运营管控相结合的分类混合管控，有力加快了中核集团市场化改革和高质量发展，重组后营业收入和利润保持两位数快速增长，为中央企业管控体系建设提供了经验借鉴。国家电力投资集团有限公司构建基于多维度协同的风险管控体系，通过科学配置治理主体权责，实现风险管控组织体制协同；通过流程节点角色管理，实现风险管控岗位履职协同，通过实施法律文件"一岗式审查"、重点领域"一站式评价"、风险事项"全程式管控"，实现风险管控工作机制协同，进而形成面向业务、基于流程、根植岗位的基于多维度协同的风险管理体系。利用信息化、智能化和数字化技术，建立"一级部署三级应用"的一体化管理平台，形成以"风险台账"和"缺陷台账"为中心的数据中台，实现风险数据收集汇总、分析预警，推进风险管控应用场景协同，支撑风险管控集团化、体系化、流程化、标准化。

2. 混合所有制改革与参股企业分类管理

企业通过混合所有制改革，引入战略投资者，引入核心员工持股，优化股权结构。围绕"完善治理、强化激励、突出主业、提高效率"的要求，以转换经营机制为目标，按照股权转让、增资扩股、改制上市"三步走"积极推动混合所有制改革，呈现出"资本混合、利益融合、完善治理、强化激励"的改革特色，在强治理、改机制、创一流等方面取得了阶段性进展。在参股企业监管方面，完善企业发展战略及产业结构划分，实现分类管控、分类改革、分类发展，完善监管制度，确定分级分类监管体系构建与运行的工作思路、工作方案和工作措施，统筹推进各级投资主体有效逐级承接，形成上下联动的工作机制。如企业为有效防范参股企业管控风险，参考投资目的、持股比例、选派董事及高管情况三项核心要素，施以不同的管理机制。

中车株洲电机有限公司在混改过程中以转换体制机制为核心，聚焦主责主业，坚守高端机电装备的定位，稳妥推进旗下所有市场化业务的混合所有制改革，形成四家混改企业挂牌，在"双百行动"综合改革中走在前列，蹚出了一条国有企业市场化改革的有效路径。东方航空物流股份有限公司持"三因三宜三不"原则，围绕"完善治理、强化激励、突出主业、提高效率"的要求，以转换经营机制为目标，按照股权转让、增资扩股、改制上市"三步走"积极推动混合所有制改革，呈现出"资本混合、利益融合、完善治理、强化激励"的改革特色，在强治理、改机制、创一流等方面取得了阶段性进展。

3. 构建合规管理和风险管控体系

依法提升合规经营水平，强化规范管理能力，依法治企，实现治理完善、经营合规、管理规范、守法诚信。企业从健全制度、完善工作机制、健全三道防线、抓好境外合规、夯实组织基础、打造合规文化等方面着手，打造事前制度规范、事中动态监管、事后监督问责的全覆盖、全链条的合规管理体系。在风险管控方面，打造风险高效管控流程、重构风险管控机制、创新风险管控策略和夯实风险管控基础等方面入手，构建一套兼具系统性、统筹性、协同性、高效性和标准化的风险管控体系。例如基于多维度协同的风险管控体系，充分地统筹了投资、交易、建设等经营活动"全周期"及"全过程"各阶段风险管控，进一步强化了内控体系建设，提升了风险防范的能力和水平。

国能铁路装备有限责任公司提出"各层级管理人员是防范风险第一线"的要求，细化岗位职责风险，将内控措施与绩效考核相结合，促进风险管理和内部控制在日常管理和岗位职责中落地，构建以"风险为导向，内控为抓手，合规为底线，绩效考核为手段"一体化的内控管理机制，形成了高度融合的"四位一体"管理模型。中国船舶重工集团海装风电股份有限公司（以下简称中国海装）在"一把手"推动下成立了专门的领导小组，围绕顶层战略，营造风险文化，理顺风控体系建设思路，对组织机构、管理人员、制度文件及管理体系等不同要素进行整合，形成以法律为底线，内控、合规为手段，审计作监督，防范风险、保战略的体系框架。中国海装将各职能的要素、要求融入流程管理创建的企业管理标准中，以企业管理标准为载体的流程节点管控和法律、内控、合规、审计、风险等职能有机整合，实现信息互动、资源共享、职能互补，组织层级互为依托、有机衔接，不同职能、不同层级、不同业务单元之间的互动演变，协同一致应对内外环境变化，并不断衍变提升风控体系。

4. 完善公司治理制度

国企改革的关键就是要构建一个好的公司治理制度。企业不断完善法人治理结构，采用公司党委与各治理主体双向进入、交叉任职的模式，将党的领导融入公司治理，健全以公司章程为基础的内部制度体系。具体而言，健全完善制度体系，规范"三会一层"运作，畅通董事沟通渠道，规范权属公司治理，不断提升公司治理水平。

兖州煤业股份有限公司作为全球四地上市公司，认真总结国有企业改革过程中及其他各国成熟且有益的做法，围绕适应国际化发展和上市公司监管要求，全面推进国有企业治理体系和治理能力建设，规范公司治理和内部控制，综合发挥治理结构、治理规则、治理文化和治理素质的作用，促进公司协调运转，充分发挥治理合力，公司治理体系和治理能力不断健全完善，打造全国能源上市公司标杆样板。鞍钢集团有限公司（以下简称鞍钢集团）适应国有大型集团管控架构的需要，基于"7531"战略目标引领，提出以提升国有资本运营效率、实现国有资产保值增值为根本目标，以规范法人治理运作为基础，坚持总体设计、系统推进，强化顶层设计，构建与运行分级监管和分类监管有机结合的参股企业监管体系。分级监管，即实施监管流程再造，按照下管一级、逐级负责的原则，通过加强考核评价在纵向上打通监管通道，推进投资主体逐级履行监管主体职责。分类监管，即实施监管方式升级，根据参股企业运行质量，按照全面实施、突出重点的原则，通过科学分类在横向上实现监管对象全覆盖，确保了监管措施更具针对性和实效性。通过构建与运行分级分类监管体系，真正做到了与鞍钢集团战略目标相契合，并以此为导向将参股企业管起来、管到位，有效维护了国有股东的合法权益，取得了良好的经济效益和社会效益。

九、致力专精特新，构建独特竞争优势

中小企业是中国经济和中国制造的重要市场主体。专精特新"小巨人"企业是指具有"专业化、精细化、特色化、新颖化"。我国中小企业创业创新十分活跃，专

业化水平持续提升。目前全国已有4万多家"专精特新"企业、4700多家"小巨人"企业、近600家单项冠军企业。专精特新"小巨人"企业九成集中在制造业领域，尤其是聚集在高端装备制造、新材料、新一代信息技术、新能源等中高端制造领域，代表着先进制造业。企业创新做法主要体现在经营领域的特色化（27.27%）、专业化（25.76%）、新颖化（22.73%）、精细化（21.21%），如图1-18所示。从主营业务上看，企业整体技术密集程度相对较高，包括通用设备制造业、化学原料和化学制品制造业、计算机、通信和其他电子设备制造业、专用设备制造业、电气机械和器材制造业、金属制品业及汽车制造业等领域。

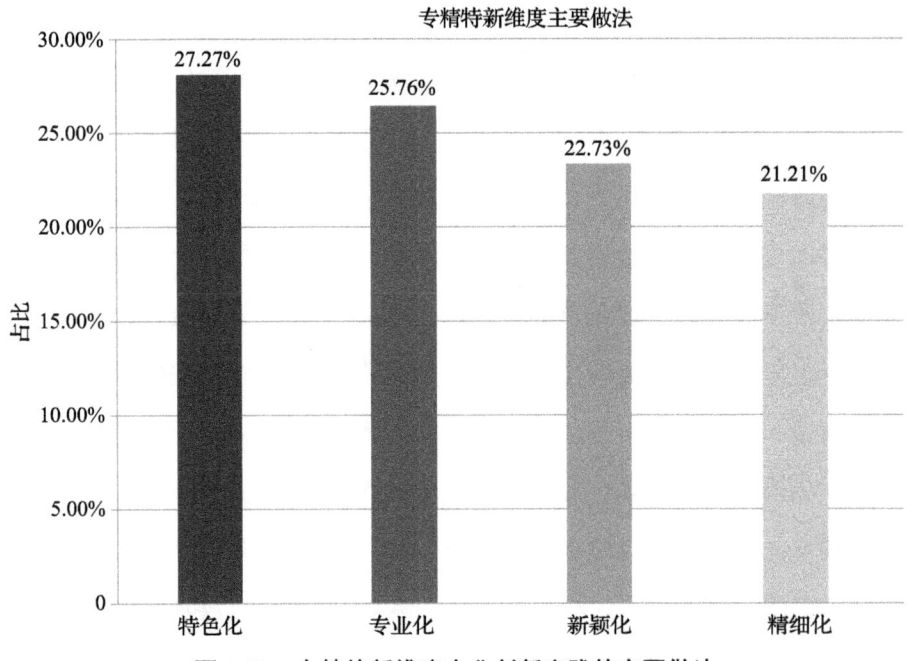

图1-18 专精特新维度企业创新实践的主要做法

1. 聚焦主业，推动专业化经营

聚焦主业，强化创新，成为能够解决"卡脖子"问题，掌握独门绝技的"配套专家"。"专"是指那些掌握关键核心技术的排头兵企业，例如高端材料、纳米科技、北斗导航芯片、菲涅尔透镜制造、内燃机活塞关键材料、高铁轻工新材料、红外"芯"、半导体激光芯片全道工艺制程等领域的企业。这些企业或者实现从0到1的技术突破，或者破解"卡脖子"难题，保障了各个产业链、供应链的稳定和安全。随着全球科技"双规化"态势发展，以国产芯片和软件、自主核电设备为代表，专业化经营的中小企业正在推动我国信息创新、清洁能源等领域的产业生态健康发展。

湖北三环锻造有限公司通过对传统锻造生产工艺过程质量管控的智能化改造，构建了具有锻造行业特色的工业互联网平台，颠覆了锻造行业传统的纸质单据记录传递、检测数据人工统计分析、不良品事后补救修正的质量管理模式，以数据为核心，推动锻造行业质量管理流程和质量管理技术优化和创新。蚌埠依爱消防电子有限责任公司从消除浪费、工艺改进、现场管理、质量控制、设备保全五个方面进行分析改进、实践，打造适用于消防报警产业的精益生产模式，有利于企业的管理水平提升和高质量发展。

2. 细分领域，开展精细化经营

专注细分领域，实现精细工艺、精细产品、精细管理，成为行业"小巨人"和"隐形冠军"。在传统制造领域，企业选择细分市场，精益求精，把传统产品做好做优，例如视科新材料、电磁屏蔽材料、新型显示器技术、新型电池、航空锻压、陶瓷新材料、车床刀具、耐高温紧固件、汽车散热器、碳复合材料、航天精密环锻件、变压器、润滑油、汽车天窗导轨、压载水处理等领域。企业苦练内功，在生产工艺上敢于打破传统的工艺，采用更高精度、更先进工艺，实现细分赛道的精耕细作。

江苏视科新材料股份有限公司（以下简称视科新材）是我国眼镜行业具有自主品牌的高科技企业，主导产品为视光防护材料，产品涵盖防蓝光单体、变色树脂单体、镜片三大系列 35 个品种，是我国眼镜行业重点骨干企业、国内防蓝光单体材料龙头企业，是全球最大的太空 PC 镜片制造企业。视科新材通过非对称柔性战略管理体系的构建，打造网络化无边界服务型组织架构，重点提升"产品研发设计能力、生产精细化管控能力、质量与成本协同管理能力、网络化精准营销服务能力、资源聚集与协调能力"五项新型能力，从而更好地服务战略目标。青岛海尔能源动力有限公司打造集平台系统、评估指标体系、数据运维、资源生态、对外赋能、驱动机制等于一体的智慧能源管理体系和全流程服务体系——线上打造以用户为核心、多种能源综合调度智慧能源管理平台，线下建设绿色减碳场景，形成源网荷储用的生态管理能源模式，通过对能源使用的动态监控、数据分析和精准预测，以大数据驱动企业能源管理升级，实现系统性节能降耗。

3. 精准定位，打造特色化经营

在特种领域、特色产品方面，掌握独特工艺，掌握一套独特的生产工艺技术，形成独特竞争力。例如特种车辆电控、特种仪表、烘缸、耐高温紧固件、折剪机床、异形制瓶机、轻量机器人、质谱仪器、大尺寸铸造 3D 打印设备、特种气体制造、碳化硅密封陶瓷制品、高性能磁钢等领域。企业坚持长期主义，久久为功，有备而来，静待风口。中交第一航务工程局有限公司总承包工程分公司通过对特殊地质条件下海上风电项目施工管理的创新，明确施工工艺流程，做好施工准备，进行起重船与运输驳定位，实施稳桩平台安装、一级护筒安装、二级护筒安装，进行钻孔施工、基础桩植桩、二级护筒提取等施工过程管理，并通过对重点工序质量管控，建立创新管理组织机构和施工管理支撑保障体系，确保大直径单桩嵌岩施工过程中的塌孔风险得到有效预防，从而有效降低了管理成本、保护了海洋生态环境、提升了品牌价值、积累了管理经验、为同类项目实施提供了借鉴。中联煤层气国家工程研究中心有限责任公司以支撑煤层气规模开发为核心目标，创新构建了国家级技术创新平台，并利用此平台开展核心关键技术攻关和配套技术研究，形成了国际领先、设备一流的科研试验平台，成功构建了国际标准、行业标准、中国石油标准、煤层气公司四级标准体系架构，实现了该领域国际标准零的突破。

4. 把握前沿，引入新颖化经营

采用新技术或实施数字化转型，提供新产品和新模式。例如大气污染防控技术、无人采掘、塑封封装车间智能化改造、数字化绿色工厂、工业机器人、远程运维、远程控制磁共振输注、智能阀门定位器、气雾剂产品、脱硫脱硝新技术等。企业要深刻理解和把握科学研究前沿进展和最新动向，积极寻找"第二曲线"，或者将数字技术引入生产制造领域，不断推出新产品、新业态和新模式。

杭州林东新能源科技股份有限公司系统分析潮流能商业化可持续稳定并网发电的技术难题，取得潮流能开发利用的突破。在潮流能发电技术方面，突破潮流能可持续并网发电、海上施工、密封防腐等关键技术。在潮流能电站运维方面，建立海下运维生命支持系统，建立海上虚拟电子围栏，为商业化运营奠定坚实的基础。推动网源企业协同配合，取得国内首个潮流能电价批复，依托柔性直流"交转直"技术系统解决潮流能并网时的谐波和消纳难题。北京铁科特种工程技术有限公司开展高铁基础设施特种维护技术创新管理，加强多学科交叉融合与跨行业协同创新，推进高铁综合维护一体化；创新高铁基础设施特种维护技术，提升维护水平与效率；创新科技创新管理新模式，构建良性循环科研生态。高铁基础设施特种维护技术创新管理推动了相关特种维护技术的发展，有效保证了高铁基础设施的安全服役。

第四节

企业管理创新建议

第一,构建中国特色现代企业制度的经验。2021年是国有企业改革三年行动计划的收官之年,但是从申报材料看,关于如何深化国有企业改革、构建中国特色现代企业制度的数量不多,与深化改革相关的管理创新材料仅占6.41%。当前,国有企业认真贯彻党中央、国务院实施国企改革三年行动的决策部署,全面落实《国务院办公厅关于进一步完善国有企业法人治理结构的指导意见》(国办发〔2017〕36号)精神,加快完善中国特色现代企业制度,并取得了积极成效。国有企业建立现代企业制度,推进治理现代化,必须坚持两个"一以贯之"的原则,始终坚持党对企业的全面领导,发挥党的理论优势、政治优势、组织纪律优势,保障企业发展方向正确,推动企业科学民主决策,形成党组织与其他治理主体有效融合的国企特色治理模式。

因此,围绕中国特色现代企业制度、建设世界一流企业,尤其是国有企业三年改革行动计划的任务要求,需要总结出更具创新性、更具中国特色的管理创新成果。

第二,保障产业链、供应链安全的经验。世界百年未有之大变局和世纪疫情相互交织,我国经济发展环境的复杂性、严峻性、不确定性上升,面临的风险挑战明显增多。尤其我国制造业总体上仍处于全球价值链中低端,核心基础零部件元器件、先进基础工艺、关键基础材料、产业技术基础及基础软件等配套领域的能力不足，难以支撑国内企业参与国际市场竞争及在全球价值链上获得优势。产业基础领域往往要求产品具有更强的专业性、精密性、耐用性和稳定性，需要企业专注于细分领域持续深耕。但针对"卡脖子"的行业领域，例如集成电路、装备制造、关键零部件、工业软件等领域的管理创新材料较为缺乏。

因此，申报企业可以结合自身优势，开展重点产业分类筛选、产业链短板梳理等工作，明确自己在创新生态中承担相应的任务和角色，重点攻关那些需要长期投入和累积基础的技术领域，依靠累积性创新优势破解"卡脖子"难题。通过总结以上经验，提供更具说服力、更具冲击力的管理创新成果。

第三，科技自立自强方面的创新做法。我国在空天、高铁、核电等战略高技术领域不断取得新跨越和新突破，科技创新要继续坚持"四个面向"的战略部署，从科学原理、问题、方法上集中攻关，在更多创新领域掌握主动权。企业要坚持走中国特色自主创新道路，践行科技自立自强，要形成一种具有强大凝聚力、引领力、创造力的先进创新文化范式。虽然围绕举国体制、科技自立自强等方面，2021年企业申报了系统工程、共性技术、并行研发等方面的管理创新成果材料，但是我国企业缺乏在全球科技治理中的影响力和规则制定能力，在"提出中国标准、形成中国示范、贡献中国智慧"等方面，管理创新成果还需要进一步挖掘重要装备制造、重大工程建设、核心技术突破等方面的闪光点。未来，可以针对那些主动担当"大国重器、产业引擎"使命，承接"制造强国""交通强国""数字中国"等国家战略的企业，挖掘和总结一批具有全球竞争力的世界一流竞争力的创新成果。

第四，专精特新、中小微企业的创新做法。相关政策鼓励企业在细分领域做精、做深，推动中小企业朝"专精特新"方向发展；为"专精特新"中小企业创造良好的产业链生态环境，塑造其在产业链条中的互补性功能定位，为其创新技术、产品的商业化和后续成长迭代提供机会。但从申报材料看，专特精新企业创新成果申报主要存在两方面的不足。一方面，申报数量较少，只占8%左右。另一方面，创新内涵与特征总结不足，很多材料还没有挖掘出企业"专精特新"的优势。未来，可以针对"专精特新"单独开辟申报通道，加强对于这些中小企业的现场辅导，充分挖掘这些企业管理创新的新颖之处，扩大"专精特新"企业的示范效应和行业影响力。

第五，对新一代企业管理模式的深度总结。以华为奋斗者协议、海尔人单合一模式为例，甚至还包括国有企业的干部培养模式、一些民营企业的人才激励模式等，我国企业在管理模式方面的创新，一定是基于企业家对于中国传统文化、人性假设、现场经验等方面做出的变革型创新。以海尔人单合一模式为代表，国内一些企业已经意识到管理者关注的不再是如何命令和管控员工，而是通过授权赋能，最大限度地激发员工的潜能、创造力和工作热情。团队精神、合作、协同、自组织、自主管理、自我激励和学习，成为管理者和员工携手应对不确定的复杂环境的重要指导原则。在管理模式方面，我国企业在创造巨大物质财富的同时，并没有相应地创造出伟大的精神财富和理论思想。现有的管理创新模式呈现出碎片化的特征，研究内容主要还是基于对于"现象"的刻画，如何从管理理论的角度进行刻画，通过理论探索和提炼，从实践层面走向理论层面，这是下一步企业管理成果总结工作的重点。

未来，中国企业应积极努力实践并总结出世界企业发展进入新时代所产生的先进管理模式，提炼总结出鲜明的概念性特征和创新成果，使之能够代表世界管理理论发展的前沿、方向和趋势。

第二章
企业技术创新管理专题报告

第一节　打造国家战略科技力量：响应国家战略需求，实施国家重大科技攻关管理

第二节　打造原创技术策源地：努力构建原创技术创新链

第三节　突破"卡脖子"技术：探索用户主导的创新管理模式

第四节　复杂产品系统创新：以系统观念构建多维度协同创新管理模式

第五节　响应数字化浪潮：以产品数字模型为核心开展技术创新管理

第六节　企业技术创新管理建议

"十三五"以来，企业技术创新在我国成为创新型国家的过程中发挥了重要作用。2020年，企业科学研究与试验发展（R&D）经费支出18673.8亿元，比上年增长10.4%；占全国R&D经费的比重达76.6%，对全国增长的贡献达77.9%。2020年，在规模以上工业中，高技术制造业R&D经费4649.1亿元，投入强度为2.67%，比上年提高0.26个百分点；装备制造业R&D经费9130.3亿元，投入强度为2.22%，比上年提高0.15个百分点。全国高新技术企业数量从十多年前的4.9万家，增加到2021年的33万家，研发投入占全国企业投入的70%；上交税额由2012年的0.8万亿元，增加到2021年的2.3万亿元。在上海证交所科创板、北京证交所上市的企业中，高新技术企业占比超过90%。中央企业在科技创新上发挥了引领作用，在"十三五"期间中央企业的研发投入强度从2015年的2.16%提升到去年的2.55%。"十三五"期间，累计投入的研发经费达到3.4万亿元，承担的一批国家重大科技专项都取得了具有世界领先水平的重大创新成果。中央企业突破了一批重大技术创新成果，国产大飞机、"奋斗者号"万米载人潜水器、盾构机、华龙一号三代核电机组、高温气冷堆核电站、高精度油气测井技术与装备、高精度物探技术装备等是其中的重要代表。

面向"十四五",我国企业要围绕推动产业链高端化,加快突破一批关键核心技术,强化前沿技术部署,在人工智能、量子信息、生物育种等领域实施一批科技重大项目。还要围绕支撑实体经济发展,大规模推进科技成果转化应用,依托国家自创区和高新区,培育一批高新技术产业集群和高技术企业,加快发展新业态、新模式,培育壮大发展新动能。更为重要的是,我国企业在战略性新兴产业中要进一步发挥重要作用,技术创新的作用不可替代、不可或缺。针对我国战略性新兴产业中的集成电路生产基础工艺与核心设备、高端功能材料等重点"卡脖子"领域,必须发挥举国体制优势,加大投入力度,集中攻关予以突破。"十四五"期间我国企业重点要在第五代移动通信、人工智能、新能源、新能源汽车等我国已经具备一定竞争实力的领域,加强整体创新体系建设,在一批产业领域形成中国具备引领能力的产业标准与认证体系。

我国企业技术创新的进步离不开管理创新的同步发展,未来技术创新成果的取得同样需要管理创新的支持。最近几年,在我国成为创新型国家的过程中,我国企业技术创新管理取得明显进展。技术创新管理推动企业打造国家战略科技力量、培育创新重要发源地,突破"卡脖子"技术、把握复杂产品系统、响应创新数字化浪潮。

第一节

打造国家战略科技力量：响应国家战略需求，实施国家重大科技攻关管理

当前，科技创新成为国际战略博弈的主要战场，围绕科技制高点的竞争空前激烈。科技自立自强是国家发展的战略支撑。我国要充分发挥科技创新的引领带动作用，在重要科技领域实现跨越发展，推动关键核心技术自主可控，加强创新链产业链融合。科技领军企业是国家战略科技力量的重要组成部分：一方面要发挥市场需求、集成创新、组织平台的优势，打通从科技强到企业强、产业强、经济强的通道；另一方面要以企业牵头，整合集聚创新资源，提升我国产业基础能力和产业链现代化水平。科技领军企业响应国家战略需求，探索新型举国体制，抓好国家重大科技攻关实施管理，为国家实现战略技术创新，是我国近20年来，以及今后相当长一段时间内要坚持取得突破性进展的领域。

中国石油、中国运载火箭技术研究院、中国重燃等科技领军企业，针对国家在石油天然气、航空航天、重型燃气轮机等领域的战略需求，实施国家重大科技攻关管理，打造国家战略科技力量。中国石油牵头组织实施"大型油气田及煤层气开发"科技重大专项，在创新工程实施和创新体系建设方面取得重要突破，成功实现跨界联合和合作、打通创新链，显著提升了产业创新能力，让中国三家主要石油企业进入全球第一梯队。中国运载火箭技术研究院全面牵引国家在相关领域的基础研究、

核心技术攻关和保障条件建设，有效化解某国防重大科技工程面临的重大能力和资源约束，成功研制出领域内世界首型新概念飞行器，为中国抢占该领域的科技制高点，赢得与强敌战略博弈的主动权奠定坚实的基础。中国重燃按期高质量完成科技重大专项重型燃气轮机工程阶段战略任务，突破了制约型号产品研制的85项关键核心技术，打通了从科研院所"原理突破"到制造企业"产品量产"的创新链条，带动了60余家产业链单位整体提升。这些企业在战略技术创新方面的主要经验有：研究顶层设计，做好统筹规划；创新组织形式，聚集各界资源；探索运行机制，把握创新动力；突破核心技术，保障持续创新。

一、研究顶层设计，做好统筹规划

战略技术创新响应国家战略需求，其需求端明确而且重要，但是其中的科技问题往往不明确，通常都不会是一个问题，而是多个问题组成的系统。战略技术创新首先要解决的是科技问题确定和分解，先明确总体问题，然后形成科技攻关体系。

战略技术创新的问题确定本身就需要系统研究，甚至是需要高水平专家领衔研究的课题。中国石油牵头的油气专项在这方面的做法值得提倡，他们把立项作为一个研究课题来做。油气重大专项聘请在石油天然气工业及煤层气领域理论造诣深、实践经验丰富的两院院士和知名专家学者，组成油气重大专项专家委员会，从产业总体层面来明确需要解决的重要问题，对油气重大专项立项设计提出咨询意见。整个立项过程历时近两年，油气行业上游专家近百人反复研讨，真正从产业层面进行系统探索，为专项的总体设计打下了扎实的基础。

战略技术创新的问题分解可以从两个方面展开：一个是从过程维度展开，把问题分解为具体的行动步骤；另一个是从任务/技术类型展开。过程维度的展开和任务/技术类型的展开是相互交织的，形成问题系统中的一个个可以攻克的节点。在实际的过程中，可以根据问题的特点，把主要展开维度确定为过程维度还是任务/技术类型维度。中国重燃采用的是从过程维度展开，结合型号产品研制阶段特征进行整体规划，制定推动重型燃气轮机工程技术创新的"三步走"路径。第一步，在开展型号产品概念设计的同时，绘制产业资源地图，形成产品正向开发流程建设规划。第二步，在开展型号产品初步设计的同时，建立新型组织形式集聚产业链资源，以总体架构技术为牵引开展产品正向开发流程建设。第三步，在开展型号产品详细设计的同时，进一步整合产业链资源，完成产品正向开发流程构建，完成满足部件/系统级研制的材料数据库及关键技术、试验试制能力。中国运载火箭技术研究院主要是从任务/技术类型维度展开，对某国防重大科技工程统筹规划出四条任务线，形成关键技术攻关、基础理论研究、地面和飞行试验、保障条件建设四条任务线相辅相成、有机融合、有效衔接。关键技术攻关是工程研制的核心，基础理论研究为关键技术攻关提供原理支撑、指引攻关探索方向，攻关过程中如果发现模型不准、需要补充认知时，需反馈到理论研究任务线，推动理论成果的修正和完善；地面和飞行试验为关键技术攻关提供验证手段，关键技术攻关则为演示验证中的技术难点提供解决方案；关键技术先经地面集成演示验证，成功后再经真实飞行环境进行演示验证，同时反馈支撑理论的完善和关键技术的成熟度提升，最终完成技术的全面突破，持续夯实领域的技术基础，逐渐完成领域知识体系的构建。保障条件建设需同步于其他三条任务线，为基础研究、技术攻关和试验验证提供基础能力准备。

二、创新组织形式，聚集各界资源

战略技术创新需要的能力和知识分散在异质性的多个组织之中，技术创新的任务需要不同组织合力完成，这些组织并不会自然地形成一个技术创新的高效组织，而是需要牵头企业创新组织形式，这也是新型举国体制的重要内容。战略技术创新的组织探索包括三个方面：一是能力和知识模块的聚集；二是任务条线的聚集；三是能力和知识模块、任务条线交织成为一个有机的组织系统。

战略技术创新的能力和知识模块聚集方面，中国石油牵头的油气重大专项，在专项联合工作组的统一组织下，重点形成13支以院士及行业领军科学家为核心力量，企业、高校、科研院所共同构建的高水平创新实施联合体。联合体覆盖了石油工业上游科技领域，有利于协同创新实现关键技术与装备的快速突破。在重大专项框架内，本着平等互利、利益共赢、风险共担、资源共享、优势互补的原则，支持行业骨干企业与科研院所、高等学校联合组建技术研发平台和产业技术创新战略联盟，合作开展核心关键技术研发和相关基础研究，联合培养人才，共享科研成果。中国重燃建立自主重型燃气轮机平台，以后台形式组织产业链各法人单位，通过与中国重燃成立联合实验室、协同创新中心等灵活形式，聚集能力和知识。例如，基础研究方面，中国重燃联合清华大学、上海交通大学、哈尔滨工业大学、北京科技大学、上海大学、华东理工大学、中国科学院金属研究所等知名高校院所共建7家联合实验室或协同创新中心，共同攻克共性关键技术、前沿引领技术，上述高校院所参研人数多达850人。设计方面，三大动力、上海成套院及相关单位派出有工程设计经验的人才约70人，以"大协作人员"身份，加入型号研制项目部参与产品设计。试制方面，以揭榜挂帅、"赛马"竞争机制，组织三大动力、中国科学院金属研究所、江苏永瀚、北京北冶、江苏隆达、无锡透平、成都和鸿、二重、钢研院等20余家单位开展关键部件试制工作，参与试制人员约1450人。为进一步整合全产业链资源、夯实平台基础，中国重燃联合清华大学、上海交通大学、三大动力、北京北冶等66家单位成立全国性、开放性的创新联合体——中国燃气轮机产业创新联盟。

战略技术创新的任务条线聚集方面，油气重大专项采用创新实施联合体、联合攻关团队等聚集任务线。从专项顶层设计层面建立企业间技术交流和沟通的联合攻关机制，强化关键共性技术联合攻关，组建跨企业联合攻关团队。专项打破油气公司间壁垒，部署 22 个联合攻关项目。中国重燃建立自主重型燃气轮机平台的前台，成立重型燃气轮机型号研制项目部，由中国重燃牵头运作，下设基础研究、设计、试制、材料、安装、试验板块，负责型号产品开发。

战略技术创新的能力和知识模块、任务条线交织成为一个有机组织系统方面，中国运载火箭技术研究院专门成立某国防重大科技工程专项办公室，通过构建一体化、紧耦合的穿透式组织机制，强化四条任务线和计划经费的一体化管理。汇集国内该领域数十位顶级院士专家，成立专家组，把关工程的重大决策，并深入研制一线解决研制过程中的各类重大问题，强力推动工程研制进程；跨越传统的航天专业分工体系界面，成立飞行器总体、结构、防隔热、电气和控制等专业闭环的飞行器总体技术研究所，作为工程的技术抓总单位，牵引各子系统的协同攻关；集中国内代表领域最高水平的近 400 家科研院所和高校等，遴选基础理论研究的首席专家，组建工程研制的国家队，开展集智攻关；通过建成领域的产业创新生态，为工程研制提供强大的智力保障。按照工程研发试验基地模式规划能力建设方案，按照"建筑群"理念设计布局，通过能力整合，跨越组织边界、整合全国范围内包括军队和地方、国企和民企在内的该领域研究与设计、生产与试验能力，快速形成一套协同设计与综合试验相结合、综合试验与虚拟试验相结合、地面试验与飞行试验相结合、研究试制与批量生产相结合的紧耦合一体化能力保障体系，为工程研制提供坚实的能力基础，有力促进该领域技术突破。

三、探索运行机制,把握创新动力

战略技术创新在实践中探索运行机制,创新体现在人才机制和过程机制两个方面。人才机制既保证人才为战略技术创新所用,也保证人才在战略技术创新中的成长。过程机制的一个方面是驱动机制,为过程的顺利展开提供原动力;另一个方面是加速机制,为过程的加速展开提供保障。

战略技术创新的人才机制方面,中国石油牵头的油气重大专项进行了有意义的探索和突破。油气重大专项的主要单位建立人才流动机制,拓宽团队的人才引进、培养渠道。在重大专项框架内组建的产学研战略联盟团队探索了灵活有效的人才流动机制,积极引进海外高层次人才,担任关键任务的负责人,发挥核心作用;充分发挥教育部、中科院有关院所的基础研究、学科优势,以院所重点实验室和优势学科为依托,联合培养人才,打造结构合理的团队研究梯队。专项还建立人才晋升序列绿色通道,形成多角度激励。与油气重大专项参与单位联合建立科研人才晋升序列绿色通道,在重大专项内部完善高级专家选拔和培养制度,在参研单位形成评选高级技术专家等方面优先向参与专项攻关的科研人员倾斜制度,让科研人员体会到事业成就感。

战略技术创新的过程驱动机制方面,中国重燃从源头上进行了探索,推出以"科研工程化"为指导理念的科技攻关过程模式,即运用工程思维及方法,对重大科技攻关项目进行有效管理,实现"有组织创新",完成专项任务;同时肩负产业工程化使命,打通从科研院所"原理突破"到制造企业"产品量产"之间的创新链条,带动国内重型燃气轮机产业技术水平整体提升。"科研工程化"为科技攻关过程的展开提供了原动力,主要特征有以下三点。一是科研内核、工程驱动,即以"工程方法"为驱动,在尊重科研活动客观规律的前提下,夯实技术状态、质量、进度、成本等项目管理要素，强化系统性、结构性、可控性，推动所有参研人员将注意力集中到型号产品开发主线上，共同对最终结果负责。二是架构引领、系统集成，即以"系统工程"为视角，以掌握总体架构技术为前提，面向原理突破、研发设计、试验试制、运行维护等全生命周期，聚焦各部件技术耦合关系，通过系统集成实现客户确定的性能目标，保证重型燃气轮机安全、稳定、可靠运行。三是链条贯通、整体提升，即以"工程思维"为指引，发挥企业"出题者"作用，践行新型举国体制，构建一套符合市场规律的组织方式，构建头部企业牵引、高校院所支撑、各创新主体相互协同的创新联合体，有效贯通从科研到产业化的全链条资源，带动产业技术水平整体提升。

战略技术创新的过程加速机制方面，中国运载火箭技术研究院按照异步并行理念，高效推进工程研制进程。传统上，航天型号采取串行流程开展研制活动，在前一阶段的研制任务完成后才进入下一个研制阶段。为在有限的窗口期内开展创新度极高的前沿性探索，某工程瞄准最终研制与飞行考核目标，采用并行工程方法对传统研制流程加以优化，将初样和试样阶段合并为工程研制阶段，并在关键技术攻关阶段引入研究性飞行试验，助推关键技术攻关和突破。同时，某工程采用异步并行研制理念，根据各项关键技术的成熟度等级的差异，异步开展关键技术的研究性飞行试验验证，先成熟先验证、直到全部关键技术完成集成飞行试验，从而大幅度提高关键技术攻关和试验验证的效率。其要点包括：①异步并行开展不同成熟度等级的各分系统（单机）研制；②并行产品投产；③并行、组拼开展大型试验。

四、突破核心技术，保障持续创新

战略技术创新的核心技术突破包括系统技术、基础技术和原创技术三个方面。对系统技术的突破是战略技术创新都要做到的，是战略技术创新具有的必然特性，是第一位。基础技术和原创技术在战略技术创新中的重要性在系统技术之后，为战略技术创新的先进性和持续性提供保障。

系统技术的突破方面，中国石油牵头的油气重大专项具有典型意义。专项攻关形成了七大标志性成果，显著提升我国油气产业上游科技水平。基于中国海相的深层天然气勘探开发理论和技术突破，发现和建成一批大气田，实现天然气产量的跨越式发展。陆上石油方面，发展了岩性—地层油藏石油地质理论与先进勘探技术，发现了多个大型油田；中国高—特高含水油田开发技术持续发展并继续保持着国际领先水平，支撑了大庆、胜利等一批老油田的长期稳产；石油工程技术装备实现自主化，重大装备的成功自主研发打破了国外技术垄断；海洋深水工程技术装备重大突破，使我国成为继美国、挪威之后第三个拥有超深水半潜式钻井平台设计、建造、调试、使用一体化综合能力的国家。

基础技术的突破方面，中国重燃的努力具有代表性。针对重型燃气轮机"设计是灵魂，材料是基础"的实际情况，中国重燃努力攻克材料领域关键核心技术。中国重燃基于型号产品开发及序列化发展的需求，系统盘点国内已有材料数据及相关制备技术，识别出制约我国自主重型燃气轮机研制的痛点、难点。面对材料数据少、缺、散的现状，中国重燃联合相关单位，全面整合国内已有的碎片化材料数据，基于数字化管理平台，共建重型燃气轮机材料数据库。通过数据收集、试验验证、补充测试等方式，初步形成国内首个支撑型号产品正向开发的重型燃气轮机材料数据库。中国重燃组织相关单位，共同开展等轴晶、定向柱晶、单晶母合金研究，对母合金成分范围进行反复摸索，经数十轮试验，成功攻克母合金纯净化冶炼与成分精确控制技术，形成相关规范，元素控制范围、典型力学性能、铸造工艺性能符合设计规范要求。中国重燃突破一系列材料领域核心技术：转子用钢的超纯净化冶炼和热处理技术；大尺寸高温合金锭冶炼、棒材开坯和轮盘锻造技术；粉体材料成分设计与制备技术；高温合金均匀化冶炼和宽板轧制技术。

原创技术的突破方面，中国运载火箭技术研究院某国防重大科技工程是一个表率。该专项攻克77项关键技术，获取一套型号系统方案设计、虚拟试验和地面试验等参数、掌握一套领域特种装备设计准则和性能评价方法、形成一套基于国情的全新考核验证理念和飞行试验方法，实现该领域应用基础研究从0到1的理论方法跨越，推动我国在该领域技术迈入世界前列。

第二节

打造原创技术策源地：努力构建原创技术创新链

国家实验室、国家科研机构、高水平研究型大学、科技领军企业都是国家战略科技力量的重要组成部分，要自觉履行高水平科技自立自强的使命担当，多出战略性、关键性重大科技成果，着力解决影响制约国家发展全局和长远利益的重大科技问题，加快建设原始创新策源地，加快突破关键核心技术。近年以来，原始技术创新在我国经济发展中的作用日益重要，而且在未来的重要性必然会与日俱增。

我国企业构建原创技术的创新链，培育创新重要发源地。中科院（合肥）技术创新工程院有限公司（以下简称合肥创新院）、中建材蚌埠玻璃工业设计研究院有限公司（以下简称蚌埠院）、北京遥感设备研究所、株洲国创轨道科技有限公司是其中的典型代表。合肥创新院努力突破前沿技术，解决科研与经济发展"两张皮"的问题，构建全链条转化模式，在数字经济、生命健康和新材料三大领域的前沿科技成果转化方面取得突破。蚌埠院致力于解决我国玻璃新材料产业"创新链不通畅""原始创新能力弱"等问题，整合科研、工程、装备和生产制造科研资源，形成高科技产业化运作能力，在8.5代TFT-LCD浮法玻璃基板、世界最薄0.12毫米触控显示玻璃、世界最高光电转换率19.64%的300毫米×300毫米铜铟镓硒薄膜太阳能冠军模组、世界第一条1200毫米×1600毫米大面积碲化镉发电玻璃生产线等方面取得突破，助推中国玻璃产业在国际上由追赶型进入领跑型。北京遥感设备研究所通过创新链建设，落实国家战略部署，解决武器系统"缺芯卡脖"等问题，以核心技术创新突破提升武器装备性能。株洲国创轨道科技有限公司建设新型研发成果转化平台，新型开关接触器、智轨列车、储能式有轨电车、双层动车组、动力集中型动车组、永磁电机及控制系统等10余项原创技术实现产业化。合肥创新院、蚌埠院、北京遥感设备研究所、株洲国创轨道科技有限公司的经验至少包括以下三个方面：打通创新链，多端发力布局转化创新成果；建设组织平台，提供决策保障和人才支撑；聚集人才，实施以股权为主的多元激励。

一、打通创新链，多端发力布局转化创新成果

对于原创技术创新，无论是从产业端还是从科研端发力，首先就是要打通创新链。打通创新链的一个方面是构建完整的创新链条，另一个方面是创新链运行顺畅。

构建完整的创新链条可以根据原创技术创新过程的特点，在组织内或跨组织布局创新链。合肥创新院主要依托中科院的基础研究成果转化来构建创新链，打通科技供给与市场需求对接的通道，分阶段实施：在项目研发期，对应用基础研究技术进一步孵化；在项目转化期，激励科研团队就地转化，并为其提供转化路径；在企业初创期，采取多种股权投资方式为企业投入资金；在企业发展期，进一步培育企业，提供全方位创业服务和资源支持。北京遥感设备研究所针对自主设计为基础的芯片技术，理顺核心技术创新链条各环节之间关系，开展从基础研究立项、应用技术开发、产品试制改进到组织机制调整再到市场化、产业化发展的全链条管理优化，突破以高端芯片为代表的原创技术。蚌埠院利用中国建材集团的规模优势，将成果转化的各个环节在集团内部实现一体化，构建上游做研发、中游做中试、下游做产业的创新链。这些创新链都是完整的，但又在构成环节上各具特色，形成原创技术

从源头供给到市场应用的保障。

创新链运行顺畅，各个环节之间形成紧密连接，原创技术成果转化高效完成。合肥创新院围绕数字经济、生命健康、新材料三大产业领域，遴选一批技术成熟度较高、市场前景明确和产业竞争力较强的应用基础研究进入创新平台，进一步开展工程化研发和熟化。以这些应用基础研究源头，合肥创新院建设多个工程技术研发中心，围绕经济和产业发展亟须解决的产业共性问题，推进待产业化成果的小试、中试进程。然后，合肥创新院以服务创业为主旨、科技创新为原则，将前述科技成果进行分割确权、评估作价入股后成立高科技企业。为助力这些高科技企业发展，合肥创新院通过产业化经费进行股权投资，解决企业初创期缺乏资金的问题，推动企业进入下一个发展阶段。此外，合肥创新院还为这些企业提供股权架构设计、创业服务等多种企业培育活动，促进优势项目的快速落地和企业健康持续发展。北京遥感设备研究所明确创新链管理的路径，即研究新技术、开发新产品、形成新治理、打造新动能。技术积累和不断创新是开发高端芯片产品的原始基础，产品设计形态的多元化、系列化为后续市场化需求做了供给储备，产品创新和成果转化推广需要激发人才团队的活力，新的治理格局为培育和发展高端芯片产业做好了组织和机制准备；借力资本运营，为新技术新产品的迭代优化注入市场新动能，拓宽异地空间布局，做足人员、技术和产业增量，为新技术的落地提供广阔的产业空间，并进一步促进创新需求的提升，驱动原创技术的创新突破，形成创新动力的正向循环。在研发环节，蚌埠院以玻璃为主业，采用技术领先战略，开发具有高附加值的前沿技术，抢占市场先机，通过广泛募集研发经费、自有资金、政府补贴等各种资金，开展科技成果转化体系建设。在中试环节，由中国建材集团所属工程公司负责产品中试和成果工程化，根据蚌埠院的产业布局，围绕成果产业化的需求进行生产工艺、配套装备、控制系统、生产线设计等产业化技术突破；将开发的技术进行计算机建模，通过软件模拟进行技术检验和改进；利用开发的成套技术和装备建成中试线，进行产业化试验，为成果产业化提供可靠技术方案。在下游的产业环节，蚌埠院以项目公司的形式对科技成果转化进行产业化运作，项目的建设由注册成立的独立经营、自负盈亏的经营实体负责，项目公司采用股份制合资经营，便于引进战略投资人，项目科研团队技术负责人整体负责产业化项目的建设和运营。

二、建设组织平台，提供决策保障和人才支撑

原创技术创新的创新链，需要依托于组织平台，组织平台的一种形式是依托于原有企业机构，在企业内部或企业所在集团内部找到依托，例如北京遥感设备研究所是通过企业组织结构调整、蚌埠院是依托于集团公司，形成组织平台。原创技术创新的另一种形式是新建组织平台，探索全新的组织形式，合肥创新院、株洲国创轨道科技有限公司就是新建组织平台。新建组织平台的优势是可以更加契合原创技术创新链的要求，劣势是新建平台一切从零开始，没有积累。为了发挥优势，克服劣势，新建组织平台的一个解决办法是组织复用，另一个办法是大力依托牵头企业。

通过组织复用来建设组织平台的是合肥创新院，采用"两块牌子、一套人马"的模式，以企业化运作方式推进科技成果转移转化，实现自主经营、自负盈亏，并通过市场化运营实现创新要素的自由流动与高效配置。除委派院长外，中国科学院基本不干涉合肥创新院的日常管理；合肥创新院则通过董事会授权实行决策权下放，500万元内的产业投资由经营层自主决定，为科研成果转化项目前期的决策效率提供保障。

大力依托牵头企业的是株洲国创轨道科技有限公司，依托中车株机、中车株洲所等中车在湘核心企业提供技术支撑，按照创新链布局，创新中心股东汇聚企业、高等院校、科研院所、政府机关、用户单位、金融机构等"产、学、研、用、政、

金"多方优势资源。创新中心股东单位在共性关键技术研发、行业技术瓶颈突破、先进技术示范与推广等环节中，充分发挥资源应用优势，协同创新中心开展研发攻关。股东单位与创新中心共享轨道交通核心人才，共建院士工作站、博士后工作站，在技术研发、产业政策支持等方面提供外部人才支撑。

三、聚集人才，实施以股权为主的多元激励

原创技术创新的成功对人才的依赖程度高，原创性主要来自人才积极性和主动性的发挥，原创技术创新过程会面临很多困难，都要依靠人才来解决。所以，原创技术创新一方面是要聚集人才，另一方面是激励人才，尤其是采用适合原创技术创新的股权激励。

在聚集人才方面，合肥创新院充分利用合肥创新高地的科研人才资源，在全国率先实施"项目聘用制"试点，即为完成专项科研任务或管理工作而设置的阶段性岗位，主要为工程技术研发中心所采用，对科研课题设置阶段性任务，通过项目合同委托方式招聘研究人员，以完成项目为期限签订短期合同。较以往长期聘用人员的方式，"项目聘用制"使各项科研课题的形式更为灵活，科研人才可以在自己的专业领域，为不同的主体和课题提供研究服务，促进了科研人才的自由流动和资源共享。北京遥感设备研究所为吸引、留住、用好高端芯片专业人才，变革人才的选育留用体系。蚌埠院采用"带土移植"模式，将成果转化所需的技术与人才移植到下一个转化环节，促进技术、人才、知识的流动，打造一个连接研发和产业的成果转化通道。蚌埠院在研发中实施首席科学家制，首席科学家带领研发团队开展共性技术、关键技术应用基础研究，以及核心装备、生产控制系统等成套装备的研究开发，并且参与成果转化的各个环节。技术专家参与指导后续环节的技术运营，一边培养下游企业的工程师掌握核心技术，一边带领一线员工制定工艺流程，形成大规模制

造能力。进入下一环节的科研人员，身份可以继续保留在原单位。

在股权激励方面，合肥创新院在《中华人民共和国促进科技成果转化法》中关于"职务科技成果转化中重要贡献人收益比例不低于50%"的规定基础上，采取不低于先发地区的股权激励比例：在自身的技术成果落地并成立企业时，将不低于70%的股权奖励给研发团队；对于外购的知识产权并通过院地合作平台进行二次开发增值的，将不低于职务科技成果增值部分的70%奖励给科研团队。合肥创新院建立的领先全国水平的职务发明人收益分配机制，进一步激发科研团队双创积极性。北京遥感设备研究所探索员工持股制度的有效性，芯片创新创业团队一共被授予35.5%的股权，自有出资额达710万元，已达自身风险承受极限。为稀释创业压力，解决团队的后顾之忧，降低可能因创业失利而导致核心团队大面积流失的风险，北京遥感设备研究所鼓励所属单位创客积极参与创新创业，推动"在岗创新，在职创业"，核心团队成员以"在职离岗"方式创业，赋予核心团队成员选择身份的权力，继续保留核心团队创业期的基本福利待遇，为创业人员解除了后顾之忧。蚌埠院建立了科技成果转化收益分配和激励机制。以技术转让或者许可方式转化科技成果的，从技术转让或者许可所取得的净收入中提取不低于30%的比例用于奖励；采用股份形式实施技术成果转化的，技术成果作价出资设立公司或者开展股权投资时，可以从该科技成果入股时作价所得股份中提取30%用于奖励。

第三节

突破"卡脖子"技术：探索用户主导的创新管理模式

用户企业可以发挥主导作用，推动"卡脖子"技术攻关，尤其是在软件系统、工业控制和重型装备等"卡脖子"技术的优先领域。近年以来，我国企业在用户主导的创新管理方面积累了很多经验。例如，中国空间技术研究院自用自建软件系统、华能（浙江）能源开发有限公司玉环分公司（以下简称华能玉环电厂）作为用户主导安全自主可控的首套百万千瓦级火电机组分散控制系统（DCS）创新、华能西藏雅鲁藏布江水电开发投资有限公司（以下简称雅江公司）作为用户服务国家战略性水电重大工程装备盾构机的创新突破。

中国空间技术研究院在软件已成为航天器的"灵魂"的新形势下，针对软件研制过程中使用大量工具软件，但这些工具零散不系统、相互割裂形成信息孤岛、数据流转效率低下的问题，自用自建支撑软件研制全生命周期的一体化新工具，利用先进技术、方法和工具提升研制效率。华能玉环电厂针对DCS作为电力核心技术长期依赖于进口、受制于国外的形势，探索实现国产化自主可控之路。以国内首台百万千瓦超超临界机组——华能玉环电厂1号机组为依托，华能玉环电厂打通上下游产业链，形成新时代举全集团之力的"产、学、研、用"体制机制，推进DCS国产化替代进程，攻克分散控制系统多项关键核心技术难题：全国产芯片替代，实现硬件全国产化开发；嵌入式及桌面操作系统的适配，不再依赖非开源的进口操作系统；大规模移植开发 DCS 上下位控制软件、全国产化汽轮机数字电液控制系统（DEH）。雅江公司以国家战略性水电重大工程装备突破为目标，依托华能多雄拉隧道工程，集成工程原生科技参数、推动重大装备技术革新、凝结科研创新技术成果，推动国家重大装备技术革新，助力国家国产化盾构机"卡脖子"技术攻关。这些企业的经验至少包括发挥用户主导作用，以技术自主可控为己任；协同研发、建设与运营；抓住独特应用情景为核心找到技术突破点。

一、发挥用户主导作用，以技术自主可控为己任

对于一些关系国计民生的"卡脖子"技术创新，企业作为用户可以在其中发挥重要作用，就是用户主导作用。用户主导的首要因素是，企业作为用户以技术自主可控为己任，既站在企业可持续发展的高度来重视这份责任，也从国家经济安全的高度来珍视这份责任。企业用户以技术自主可控为己任，从组织可控、过程可控、能力可控三个层面来实现。

从组织可控来看，企业用户能够把技术自主可控提升到组织的战略层面，成为公司的重要战略事项。中国空间技术研究院针对以空间站为代表的航天重大工程呈现出智能化、网络化的特点，软件已成为航天器的"灵魂"，坚持要自主研发自己应用覆盖"全层级、全过程、全要素"的软件研制一体化平台，推动模型驱动开发、敏捷开发、产品化开发等软件前沿开发技术在航天领域的创新，助推宇航软件高效率研制，把技术自主可控作为基本要求来抓。华能玉环电厂作为用户，以技术自主可控为己任，坚定加快推进全国产 DCS 研发攻关工作。中国华能集团多次召开会议研究部署相关工作，制定科技创新战略规划。中国华能集团成立电力基础设施网络安全领导小组，设立重大专项，全面开展全国产 DCS 研发攻关。雅江公司作为央企所属企业，自觉发挥推进国家战略性重大工程装备突破和国产化的骨干力量和国家

队的作用，履行好服务国家战略性重大工程装备突破和国产化的使命担当，依托公司工程项目积极探究重大工程装备国产化管理经验。

从过程可控来看，企业用户以终为始，从应用的终点实现对创新过程的全力支撑和控制，既提出技术要求，也提供最宝贵的应用情景数据。中国空间技术研究院自主开发的一体化平台在以载人航天工程、探月工程为代表的航天重大工程的软件研制中深入应用，对系统与软件衔接、需求管理、复用管理、自动化测试等效能瓶颈进行了大幅度优化，能够推动"边开发边确认"的进程。中国华能集团组建以集团首席技师为骨干力量的专家团队，反复研究设计方案，及时沟通解决现场和测试环节遇到的疑难问题。浙江分公司成立DCS示范应用领导小组和工作小组，全面贯彻落实集团公司决策部署，强化内部组织领导，落实资源保障，做好重大问题协调。华能玉环电厂主要负责人亲自挂帅，深度介入工程设计及实施方案研究，成立系统技术、施工管理、调试运行、综合协调4个专项小组，为DCS开发和应用提供支持、数据反馈。雅江公司在战略性水电重大工程装备项目管理中充分发挥业主导作用，对项目开发各阶段、各环节进行全过程多链条的轴心管理，全力驱动设计、施工、监理、厂商和科研院校优质资源整合，共同面向战略性水电重大工程装备技术攻关。公司多次与国内整机厂商、零件供应商交流并提出实际需求，得到设备厂家的一致认可，尤其是在盾构机后配套设计方面，如供风系统、回填灌浆系统、供水系统等在不同程度上促进国产工程装备产业链国产化代替和设备升级迭代。

从能力可控来看，企业用户通过对创新过程的主导，建立起持续创新的能力，能够支持当前和未来的技术创新。中国空间技术研究院通过构建以工程活动为核心，覆盖软件研制全层级、全过程、全要素的软件研制一体化工具平台，建立自主可控的软件研制工具链，支持模型驱动开发、敏捷开发和产品化开发等多种软件开发技术，为软件研制从技术到管理、从系统到配置项、从需求到交付的全过程提供有效支撑。中国华能集团依托西安热工院，发挥主导作用，强强联合、优势互补，与用户企业紧密协同，打通上下游产业链，以应用促研发、以研发保应用，推动"产、学、研、用"多方技术力量融合，联合南瑞继保、中国电子等单位形成能力。雅江公司强化业主单位在项目开发全过程中的主导作用和核心地位，组织相关科研机构独立开展专题研究或开展跨领域多学科科研工作，联合国内厂商、科研机构、专家团队，贯通战略规划、建设管理、装备制造、施工技术、科技创新各链条，整合利益相关方资源，形成创新能力。

二、协同研发、建设与运营，以技术快速应用为目标

用户主导的创新管理中，对"卡脖子"技术创新最为重要的是，通过研发、建设与运营的协同，把"卡脖子"技术与应用情景之间的距离缩短，通过迭代实现"卡脖子"技术的突破。研发、建设与运营的协同有研发融入运营、研发嵌入运营、研发建设同频共振三种形式。

研发融入运营，是在运营中随时为研发出来的技术提供应用场景，通过使用迭代把技术成果融入运营之中。中国空间技术研究院大力推进软件系统工具平台的自主研发、应用与软件开发业务的协同，发布"院长六号令"即《宇航型号软件研制工作规定》，以最高行政命令的手段在全院强力推进体系构建与实施。中国空间技术研究院成立领导组、专家组和工作组，定期召开专题会议，定期组织院级培训考核，保证研究院软件研制各级各类人员能力满足要求，持证上岗；通过定期组织单位和型号间交流，广泛征求型号两总、厂所正职、各级设计师意见，强化体系落实；各单位正职高度重视体系构建工作，提供了充足的资源保障，配合组织机构调整，建立独立的软件研制组织和软件产品保证队伍，持续推进软件专业发展。中国空间技术研究院建立过程评估模型，支撑研制单位持续提升系统设计能力、工程实

现能力和产品保证能力，优化研制队伍建设和工具建设，逐步辐射和牵引合作伙伴及供方，建立起整体共赢的格局。优化后的流程保证了软件研制与型号匹配协调，需求下达、验收交付等关键节点纳入院级科研生产管理，明确型号按阶段管理和软件按版本管理的关系，有效解决了研制过程软件文档编制量大、评审工作量大的问题。

研发嵌入运营，是在运营之中见缝插针，在不影响运营的前提下，从合适的时间窗口把技术应用在运营之中。华能玉环电厂利用1号机组B+级检修暨增容提效改造的窗口期，同步实施全国产DCS示范应用重大项目。组态人员走出实验室进驻现场，与华能玉环电厂专业人员面对面联合组态，遇到问题当面沟通，立刻解决，充分发挥了研发单位组态经验丰富和电厂对自身设备熟悉的优势，提高组态效率，仅用13天就完成了常规方式下2～3个月的工作量。在组态核查和系统测试阶段，华能玉环电厂专业人员与研发单位技术人员点对点对接，测试与组态核查过程多头并进，仅用21天就完成了系统通道测试、组态测试、系统性能测试、系统应用功能测试。同时，针对系统应用提出了近百条优化建议。华能玉环电厂积极主导本次施工全过程，科学高效组织，在创新施工工艺上开动脑筋、狠下功夫，仅用8.5天就完成了全部机柜的安装、接线和上电。通过参建单位的不懈奋斗，百万千瓦级火电机组全国产DCS示范应用项目从实验室到工程应用仅用76天，这是系统研发、上线与运营高效协同、实现嵌入的结果。

研发建设同频共振，是在建设之中，实现建设中的各种应用情景与研发的交互迭代，做到研发和建设的相互促进，互相提出问题、解决问题。雅江公司在盾构机掘进施工中建立业主牵头、统一协调的指挥机构，对盾构机施工管理的控制和协调力度大幅度加强，业主方主导强化对盾构机设备硬件系统的运行监控、生产系统的施工组织、保障系统的有效运转、异常状态下故障处理等，安全、稳定、高效推进盾构机掘进施工，基本实现盾构机"地下工厂"规范化、标准化管理。公司掌握盾构机设备选型、施工布置、设备操作、维护管理、配套性能优化、超前地质预报与施工决策、卡机预防及快速脱困、双护盾盾构机锚喷支护掘进等核心技术。以探索多雄拉隧道双护盾盾构机喷锚支护创新工艺为工作目标，由业主方主导，制造厂、设计、施工、监理及国内盾构机专家配合成立"现场联合试验小组"，多次召开盾构机锚喷支护专题会，完善锚喷支护方案并全程开展工艺性试验，成功实施104米锚喷支护试验，开创了双护盾盾构机施工方法的先河，为后续长大深埋隧洞灵活采用双护盾盾构机掘进施工提供强有力的技术支撑。业主方牵头，联合清华大学、施工方成立"微震监测专项工作组"负责隧道岩爆洞段检测，累计完成岩爆监测1788米并完成了多雄拉隧道岩爆机理及预警判据数值分析、岩体力学参数实时反演、岩爆部位和可能性模拟模型，监测工作较准确地对岩爆事件进行捕捉、定位、分级和预测，为多雄拉隧道盾构机安全、顺利掘进起到保驾护航作用，切实预警多雄拉隧道可能存在的岩爆问题，降低工程损失，最大限度地保护施工人员的生命和财产的安全。公司联合各科研院所、科研机构和参建方大力开展科技创新链多学科、跨领域合作，积极组织协调现场施工方开展科研试验工作，通过研发建设同频共振，取得很好的协同创新效果。

三、抓住独特应用情景，以技术特殊突破为重要条件

用户企业发挥主导作用，实现"卡脖子"技术的自主突破，应用情景的独特性是重要条件。应用情景的独特性可以体现在技术条件、生产条件、自然条件等方面。

技术条件方面的独特性包括特殊的技术要求、配套技术系统等。中国空间技术研究院针对重大型号软件可靠性安全性要求高、软件算法复杂的任务特点，结合宇航软件研制要求，建立面向重大型号的模型驱动开发模型，自主研发一体化工具平

台。该平台提供从系统需求、软件需求、软件设计、编码、测试、运行维护等全过程，以及项目策划、项目监控、测量分析、产品保证、配置管理等全要素的管理功能，以需求为源头对研制数据进行条目化，并建立不同条目之间的关联关系，实时生成双向可追溯矩阵，实现精细化的跟踪与管理。载人航天工程进入空间站时代，创造了中国航天史上最大规模软件的在轨应用纪录，代码总行数达到近千万行，空间站由软件实现的安全关键功能达到70%，交会对接及转位控制、组合体管理、各舱段自主健康管理、出舱活动支持、舱内外试验支持等关键功能，均由软件实现。探月工程中最复杂的嫦娥五号由软件实现的安全关键功能超过60%，针对月面选定区域着陆、月球样品采集、月面起飞、轨道交互对接和再入返回等主要功能和核心技术均通过软件实现。北斗导航卫星由软件实现的安全关键功能超过61%，导航电文生成、导航信息加解密等，均通过软件实现。

生产条件方面的独特性包括生产要求、生产环境、操作人员等。华能玉环电厂针对我国发电设备的应用情景，进行全国产化，即从中央处理器及IO卡键的核心芯片到基础的电子元器件，从操作系统、数据库到应用软件全部使用自主技术。华能玉环电厂结合多年的系统维护经验，反复研究可能存在的薄弱环节，根据生产要求、生产环境和操作人员等条件，从CPU温度、机柜布置、网络结构、MFT设计、电源柜设计、屏蔽接地、机柜底座安装方法等方面提出创新优化意见建议54条。在研发的过程中，电厂主动参与测试全过程，发现了系统网络架构、机柜布置、电源设计等多项问题，协助源代码编写人员修改系统版本12次，堵塞系统漏洞11项。电厂测试人员提出的关键性问题，在后续应用过程中得到逐步细化完善，有力推动了全国产DCS系统从实验室走向工程应用。华能玉环电厂形成了针对设备特点的自主技术突破，加快推进项目科技成果转化，完成相关标准操作卡、维护手册及施工标准等规范性资料整理工作，控制系统在华能系统内瑞金、大连、西固等多家电厂机组成功应用。

自然条件会给工程设计、施工和使用都带来特殊的问题，提供技术突破的丰富情境。雅江公司针对施工情景，自主开展设备数据采集分析，提出设备厂商开展产品性能和零部件改进要求。公司充分利用盾构机智能综合管理系统，进行设备数据采集分析，并将数据分享给协作科研单位与制造厂家，用于设计优化、施工工法研究和设备改进提升。成都院对隧道岩石物理力学参数的研究，探索盾构机刀盘滚刀设计数量、型式和刀间距等重要参数设计，提高盾构机破岩能力。通过对盾构机状态数据的收集分析，要求厂商增加设备与围岩间隙、增加刀盘抬升功能、刀盘扩挖功能及改进止浆设计等，更好反馈盾构机掘进状态，减少盾构机护盾卡机风险。公司还协调清华大学、中国水科院及中铁科学院等科研协作机构利用采集的数据并结合现场试验，开展工程设计、施工工艺工法和设备制造等升级工作。公司通过凝练总结相关措施的技术要求、工艺流程及操作要点等，形成双护盾盾构机安全高效通过高地应力洞段的关键技术和工法。

第四节

复杂产品系统创新：以系统观念构建多维度协同创新管理模式

复杂产品系统是我国企业正在突破的重要创新领域，这是一个重要的发展方向。我国企业一方面要在复杂产品系统的研制取得成功；另一个方面要建立复杂产品系统开发的管理体系。近年来，我国企业在国防装备、航空产品系统、航天产品系统、电子设备及系统等多个复杂产品系统领域积累管理创新经验，其中比较典型的企业有中国兵器工业集团有限公司（以下简称兵器工业）、中国航空工业集团公司沈阳飞机设计研究所（以下简称航空工业沈阳所）、北京空间飞行器总体设计部、中电天奥有限公司（以下简称中电天奥）等。

兵器工业面向国防和军队"三步走"战略，着眼履行好强军首责、推动高质量发展，以"集中力量办大事、联合起来求发展"的系统思维，强化战略引领和顶层设计，构建三个层次的装备研发组织体系，搭建体系级、装备级、分系统级、保障级四级研发子体系，形成聚焦主业、集约高效的整体装备研发能力，高效完成了一大批国家专项工程、装备体系和武器系统的论证实施，成为国家战略科技力量的重要组成部分，一批新概念武器项目取得了重大突破，地面无人平台形成体系研发能力，无人机形成产品体系，多个军事智能项目完成一期研究，有力支撑我军壮大新域新质战斗力。航空工业沈阳所以提升多机种并行研制效率和满足部队需求为目标，以提升综合竞争能力为目的，构建"项目主战、部门主建、体系保障"强矩阵管理体系，有效提升研制效率和核心竞争力，实现由"任务型"向"战略型"的转变，有力支撑新时代强军目标和航空强国建设。北京空间飞行器总体设计部从航天器设计、验证、过程控制及团队建设四个维度建立实现系统可信的框架，构建了系统驱动的设计机制、智能驱动的验证机制、数据驱动的过程控制与确认机制及人员可信的四维模型和成长机制，实现了高标准、高质量、高效率圆满完成嫦娥五号任务的要求，嫦娥五号任务作为我国复杂度最高、技术跨度最大的航天系统工程，首次实现了我国地外天体采样返回，代表了当今月面自动采样返回的世界最高水平，采集的月壤为我国月球科学研究取得重大突破奠定了坚实的基础。中电天奥形成"开放重构、扩展升级、集约高效"的基于共性技术资源整合的通用产品研制管理，将复杂且动态的产品研制流程进行优化并固化，实现知识积累并支撑技术升级，为基于共性技术资源整合的通用产品支撑多专业多平台的大系统和整机产品的研发和批量生产奠定基础。兵器工业、航空工业沈阳所、北京空间飞行器总体设计部、中电天奥的经验有：强化支持复杂产品开发的技术体系；变革支撑复杂产品开发的组织体系；建立适应复杂产品开发的协同机制与流程。

一、强化支持技术体系，做好复杂产品的持续开发

复杂产品开发涉及多个技术基础，企业不仅要掌握这些技术，而且要主动把分门别类的技术形成技术体系，更好地支持复杂产品的持续开发。技术体系的强化是一个长期努力的过程，包括技术体系规划、共性技术提升、技术平台建设等方面。

从技术体系规划来看，企业从需求导向、技术结构、技术类型等多个角度进行了探索。兵器工业根据我国国防建设的需求升级及需求的体系化发展，着眼体系作战能力的军事需求，开展装备体系设计，论证各型装备在装备体系中的位置，从体系对抗

的角度完善各型装备功能性能指标设计，确保每型装备能够有机融入装备体系，适应装备体系发展需要来规划技术体系。北京空间飞行器总体设计部根据技术的总—分结构来进行技术体系规划，实施总体主导的全系统方案设计。设计部在系统工程"分解—集成"核心思想的基础上，强调总体抓总，充分发挥顶层作用，总体主导自上而下统一设计、统一管理，实现技术系统总体优化。设计部先在总体层面独立开展系统设计，完成顶层的架构、组成、实施方案设计以及功能性能指标的优化和分解，再进行后续的分解—集成工作，按照这样的结构化思路来进行技术体系规划。中电天奥对基于技术类型的技术体系规划做了探索，按照"专业技术—核心技术—技术平台"梳理技术树；通过FFBD功能技术分解定义矩阵对功能模块进行合并、优化、共享，形成通用模块库；同时，对技术路径进行裁剪和合并，搭建技术平台，利于技术共享。通过这些工作，公司形成一个统一、开放式、结构化的研制管理技术体系架构。

从共性技术提升来看，企业从共性技术基础强化、共性技术集中化两个方面来尝试。航空工业沈阳所在共性技术基础强化方向进行了努力，固化各装备高度复用的技术和基础产品，构建公共基础模块，形成核心技术支持核心基础产品、核心基础产品支持系统解决方案的装备研发技术体系。研究所将实施"强项目"管理的100多个战略预研类、研制类、加改装类、服务保障类等项目进一步划分成19个项目群，并成立相应的项目研制团队，开展装备研制和技术攻关，支持不同装备研发技术体系的精准构建。中电天奥将原来分散、独立运行、自成体系的天线、信号处理、毫米波技术、微系统等共性技术资源，按照共性技术集中化的思路进行了努力，以应用为牵引，以经营管理和数据资源为抓手，以功能设计为主线，以生产制造加工测试为支撑资源，以网络为连接平台，通过对共性技术"体系框架重构、技术标准统一、硬件资源整合、软件模块重组"的方式，开展共性技术提升工作。

企业从加强总部能力、以技术平台协同技术创新的高度来进行技术平台建设。

兵器工业面向典型作战部队装备体系的设计与开发，建设兵器装备顶层设计平台，该平台是国家国防科工局在装备体系设计能力建设领域投资军工集团的首个试点项目，为基于信息系统的新型装备体系论证设计、试验验证、效能评估提供全新的环境、科学的方法和适用的技术工具；为现役装备体系改造升级提供必要的环境、方法和技术工具；为新型武器装备型号立项提供基于体系作战能力要求的需求与战技指标论证的环境、方法和技术工具。

二、变革支撑组织体系，提升复杂产品开发的效率

复杂产品开发的效率提升需要组织体系的变革予以保障。支撑复杂产品高效开发的组织体系可以从三个方面努力，包括能力建设组织、项目执行组织、共性技术组织等。

在能力建设组织方面，企业可以按照技术的层次体系、技术的专业分类来进行。兵器工业按照技术的层次体系重构能力建设组织，设计以中国兵科院为兵器装备体系总体研发单位、总体研究院所和相关专业院所为研发中心、企业科技力量以及社会创新资源为有力支撑的三个层次装备研发组织架构。18个领域子体系的组织，分别由兵器工业17个科研院所作为牵头单位，分为体系级2个、装备级11个、分系统级3个、保障级2个。公司明确18个领域子体系的牵头单位和基本组织形式：在体系级，中国兵科院牵头装备体系设计和新兴领域研究，提供体系作战能力解决方案，培育新的装备体系；在装备级，北方车辆研究所等单位分别牵头相关领域装备产品研究，支撑军队装备建设需求；在分系统级，北方发动机研究所等单位分别牵头相关领域装备分系统研究；在保障级，兵器工业试验测试研究院服务保障装备产品试验验证，北方科技信息研究所为装备研发提供科技情报保障。另外，充分利用和联合全社会科研资源，加强开放合作协同创新。航空工业沈阳所按照技术的专业

分类来进行能力建设,让专业建设更专业。专业部门发挥建设作用,为项目供给合格人才、提供工具与方法、分享多源知识,形成能力建设中心。专业部门按业务方向在科研管理部下设 1 个综合管理室和 7 个项目管理室,赋予统筹管理和牵头组织项目全要素管理权限;质量部负责的过程质量管理调整至综合管理室,从组织上保证质量管理与研制耦合。

项目执行组织确保复杂产品开发的具体展开,复杂产品开发的质量、进度、成本把控是项目执行组织的目标。航空工业沈阳所基于"项目主战"原则,进行组织变革,成立专业的型号研制部门,项目团队发挥快速研制装备作用,聚焦装备研制和过程质量管控,同时锻炼人才、检验工具,促进部门能力提升;同时将项目细分成装备研制和科技创新两类,分别形成装备研制中心、协同创新中心。研究所建立项目实施的组织载体并细化业务分工,优化调整组织机构。项目层面,设置项目管理领导小组、小组办公室以及项目团队、质量师系统两个研究所一级组织等项目组织机构,赋予选人用人、计划考核和资源分配权力,压实项目管理、技术研发和过程质量监管责任。

共性技术组织是保障复杂产品开发实现知识共享、解决项目之间的知识交集积累的重要问题。共性技术组织建设的一种形式是建设共性技术的专门部门,另一种形式是建立共性技术的领导协同部门。中电天奥新成立共性技术研究部,通过优化组织运行机构,有效整合相关共性技术基础资源。新成立的共性技术研究部,由企业直管重在把方向,企业管理层结合经营生产进行统筹把关,企业技术层进行技术引领和技术把关;在共性技术研究部内部,设立部门内部的管理层以对接企业内外部的各类应用领域,包括市场和项目管理办,重在加强统一市场开拓和客户管理,通过两级管控加强组织管理和协调,确定项目实施的具体负责人,强化计划调度和资源配置,确保项目按时保质完成,将市场营销和客户服务、计划调度管理、物资采购和综合保障等综合性管理职能进行整合，形成一体化的管理职责体系；部门内部的专业科室重在加强相互之间协调，打破部门藩篱，消除业务协同障碍，提高运行质量和效率，发挥资源整合的最大效益；部门内部的产品调测试重在完成通用产品调试和测试，提高产出效率，向设计开发反馈意见和建议，不断持续提高设计研发能力。北京空间飞行器总体设计部为加强试验验证共性技术能力的建设，成立试验实施领导小组，并在领导小组的统一指挥下组建专项试验试验队。充分识别各专项试验间的技术相关性，开展共性技术的统一攻关和技术共享，同时对各专项试验结果开展联合比对，确保各关键技术见底，实现技术协同。领导小组决策重大事件并协调、监督各试验队，各试验队之间共享信息和资源，通过试验队统一的制度和机制，缩短管理链条，打破各参试单位的行政壁垒。

三、建立适应复杂产品开发的协同机制与流程，保障项目资源调度

复杂产品开发的协同机制与流程，保障复杂产品开发项目的资源调度和顺利展开，简化复杂产品开发项目的管理。

复杂产品开发的协同机制，总体协同层面可以发挥计划等管理职能的协同作用，也可以由总部的职能部门来实现产品技术系统的子体系之间的协同。航空工业沈阳所实施计划要素的融合管理，发挥计划的协同作用。航空工业沈阳所以计划为牵引，推进多项目并行实施：科研计划实行强覆盖，项目、部门建设等所有工作均需明确任务目标和执行三级计划分解；工作推进实行计划强约束，工作实施以信息系统中计划为依据；计划与责任传递强关联，计划细化分成项目管理、技术管理、技术实施三类并实施分级考核，每条计划在各环节按角色均有相应的管理、技术、质量监管等责任人；计划与资源分配强耦合，项目年度工作量刚性管控，每条计划均匹配工作量；计划节点强管控，对计划录入信息系统进行管理，打破以往"电话问、邮

件催"被动管理方式。航空工业沈阳所全面改造项目、成本等管理信息系统，实现多系统互联、项目全要素协同管理：建立多项目协同管理系统，实现科研任务管理全覆盖；项目层面加强项目管理模型信息化，贯穿装备全寿命周期，支撑技术研究、型号研制及服务保障的协同管理；系统中不同任务之间工作量分配有着一定程度的公开性，利于相互监督；计划按月考核，系统自动检索当月封闭计划及对应工作量，形成员工月度完成工作量，直接用于绩效工资发放，不经任何层级平衡；未完成计划，系统自动评估滞后影响程度，判断变更审批级别。航空工业沈阳所以计划统领项目多维度管理，升级成本控制、采购等系统，优化预算管理、收支规划管理等功能，实现与多项目协同管理系统交互，项目科研费到款、直接成本费用支出等各类预算指标直接分解至各项目团队，实现预算与科研计划紧耦合、费用与任务强关联，执行过程自动监控预警。打破以往研制流程和分工，对各类验证实施时机和实施方法开展正向构造，用紧前安排和全面实施的原则开展全过程验证策划。方案阶段，利用原理样机策划实施适宜的性能和可靠性验证，提前暴露设计问题；初样阶段，在系统层面规划验证产品的验证目的、验证方案及对验证产品的功能要求，编制验证产品投产矩阵，确保全系统策划的验证项目能够有效贯彻实施；正样阶段，始终贯彻飞行状态的首次实施和任何变化后都要进行完整的功能验证和必要的性能验证。

兵器工业建立体系化的运行机制、体系化的科研管理，强化装备研发部对各领域子体系运行工作的业务管理和考核，由装备研发部主要负责各领域子体系之间的综合协调管理，重点解决其他领域子体系解决不了的问题、解决领域子体系建设交叉融合和动态调整的问题。装备研发部以协同为核心，对各领域子体系采取不同的管理与运行方式，创新管理运行机制盘活资源、打造平台、吸引培育人才、输出好技术好产品，包括四个方面：一是在充分发挥子体系牵头单位牵引带动作用上，各领域子体系牵头单位履行领头羊职责，充分调动子体系各成员单位的技术优势和研发力量，细化专业方向、明确研究队伍、落实各项支撑条件，按照总体策划、分步实施、试点先行的原则，深入细化分解子体系工作、压实责任，保障子体系有序运行；二是在跨子体系协同配合上，各领域子体系牵头单位结合自身发展定位和使命任务，积极组织与相关领域子体系建立协同机制，按照体系级、装备级、分系统级、保障级的领域子体系分工，积极与相关子体系建立常态化对接机制，畅通子体系之间的沟通交流渠道，形成相辅相成、高效敏捷的协同关系；三是在关键核心技术研究和协同攻关上，各领域子体系牵头单位组织梳理本领域关键技术谱系，摸清子体系内各单位优势和短板，体系化组织推进关键核心技术攻关，扬长补短、精准突破；四是在技术成果转化推广上，各领域子体系强化项目间的支撑关系，加强不同研究阶段的技术工艺衔接，构建高效沟通与紧密协作机制，健全"产学研用"相结合的技术成果转化链条，实现利益共享、风险分担、合作共赢。

复杂产品开发的流程包括流程统筹和阶段优化两个方面。北京空间飞行器总体设计部为了实现流程统筹，拓展建立 5W2H2R 分析方法，即目标导向的情景式流程设计方法。5W2H2R 分析方法涵盖了重大航天项目研制流程指定的全部要素，包括工作项目、质量和安全控制、依据文件、岗位人员、资源、工期、风险、工作结果等方面，按照可信的要求，将所有内容整合按照设计、验证和过程控制进行统筹分析，最终得到科学合理可实施、精准全面可量化的研制流程。中电天奥有限公司开展面向通用产品的研制流程各阶段优化分析和流程优化。公司在技术资源不断拓展的情况下，重点解决研制管理中任务策划、产品投产、加工制造、集成测试、交付验收等方面出现的新情况、新问题，构建了研制管理中可自反馈的运行模型。该自反馈模型基于通用产品的实际生产制造流程及要求，遵循 PDCA 原则，将设计、工艺和生产制造三者有机结合，在动态运行过程中不断完善通用产品的设计、工艺和生产制造规程，进而固化通用产品的研制流程规范，建立相应的工艺知识库，形成精益制造的研制管理模式，大大提高通用产品生产制造的质量和效率，例如，不断通过工艺设计、加工制造环节向产品设计与验证反馈可生产性、可制造性；通过总装集成、调测试环节向前端反馈可集成性、可调试性、可测试性等。

第五节
响应数字化浪潮：以产品数字模型为核心开展技术创新管理

数字经济在我国发展得如火如荼，产品系统数字化、技术创新过程的数字化是我国企业正在努力的重要方向。山东航天电子技术研究所、七〇一研究所、中国铁建重工集团股份有限公司（以下简称铁建重工）在航天电子系统研制、舰船研制和工程装备设计建造等领域做出很好的尝试。

山东航天电子技术研究所采取信息流驱动生产要素和资源运行的模式，提升快速设计能力、精益生产管理能力、先进生产制造能力、全面产品保证能力和数据深度挖掘能力，顺利完成各项航天重大工程任务的按时保质交付，有效支撑强国强军强企建设。七〇一研究所引入企业架构、模型驱动等数字化理念，通过"中华神盾"驱逐舰协同设计工程验证，实现厂所并行设计、基于模型交付、全面流程管控的舰船数字化协同研发模式，满足海军装备快速形成战斗力的需求。铁建重工搭建贯穿全生命周期的数字模型，开发数字化研发服务平台，推动装备设计、制造、运维一体化管理，推进智能制造，提高定制化装备的生产效率和质量，实现数字模型驱动的复杂地下工程装备智能化升级。他们的主要经验有：创建产品数字模型；推进研发流程的数字化；做好数字化研发和智能制造的协同。

一、创建产品数字模型，打好技术创新数字化的基础

产品数字模型是技术创新数字化的核心。产品数字模型可以沿着产品生命周期构建，也可以沿着产品结构构建。七〇一研究所和铁建重工都是沿着产品生命周期构建产品数字模型的。七〇一研究所将产品全生命周期中的数据、信息和知识进行整理，以几何、属性、标注的形式融入三维模型，结合信息系统建立便于系统集成和应用的产品模型和过程模型。七〇一研究所系统规划了舰船行业数字化模型标准体系，并以此为基础，结合面向产品数字化定义的技术不断对其进行修订和完善，形成能够覆盖舰船行业产品数字化研制全过程的数字化模型技术标准与规范体系，促进数字化研制体系的形成。铁建重工搭建基于数字模型的产品研发设计数字化技术体系，实现装备与环境的融合建模仿真，构建涵盖产品、车间、隧道的地下工程装备全生命周期数字模型。以基于模型的定义为基础，铁建重工全面推进基于模型的产品数字化研制，开展产品全三维设计，将标注、工艺、制造、质量、服务等信息集成到产品模型上，建立面向产品全生命周期的唯一定义依据和以数字为载体的传递管理模式，实现无图纸、无纸质工作指令的三维数字化集成设计。围绕地下工程装备研制特点和客户需求，建立具有行业特色的数字样机研发环境和一套涵盖整机、系统和零部件的全要素数字样机的设计仿真技术体系，覆盖结构强度、动力学、液压、流体、控制、冲击、焊接、装配、调试、维修等专业学科；通过研制地下工程装备多尺度、多学科、多阶段的数字样机模型，包括几何样机、功能样机、性能样机、设计样机、制造样机、试验样机和服务样机等，开展面向产品全生命周期的仿真、模拟和预测任一工况下产品的功能与性能，并结合试验数据进行从系统至部件的多轮迭代验证，优化产品设计方案，实现技术风险关口前移。铁建重工依托机器学习算法开展三维 CAE（工程设计中的计算机辅助工程）仿真模型高保真度降阶计算，突破实时仿真关键技术，解决传统数字样机模型求解时间长等问题，为数字样机向数字孪生过渡打下基础。针对地下工程装备定制化、复杂化特点，铁建重工创

建融合服役环境的地下工程装备数字样机系统，为装备数字孪生提供高保真环境与装备耦合仿真模型。山东航天电子技术研究所根据产品结构构建产品数字模型，形成以产品为中心的结构化数据，通过将产品装配关系转化为树状方式描述产品结构。产品结构树中的各结点分别表示部件或组件，叶结点表示零件，整个产品结构树表达一个产品，所有的设计对象都基于结构进行管理，其他数据也支持通过结构关系进行管理，便于追溯各类数据之间的关联关系和借用关系。山东航天电子技术研究所统一数据源，规范所级知识库的标准化机制，确保数据来源的唯一性和准确性。山东航天电子技术研究所按照零部件的特性分类，提供基于零部件特性的信息查询，支持建立并维护优选材料、优选标准件的清单，促进产品的标准化、系列化、通用化。

二、推进研发流程的数字化，做好技术创新数字化的载体

研发流程的数字化是技术创新数字化的重要方面，很多企业是先探索研发流程的数字化，然后再从研发流程数字化升级到技术创新的数字化。研发流程的数字化涵盖流程控制、流程协同、与产品数字模型的融合等方面。

在流程控制方面，流程的进度控制和权限控制是核心内容。山东航天电子技术研究所以流程审签管理数字化为基础，通过平台实现对产品设计与修改过程的跟踪与控制，在平台中实现电子流程审签、圈阅功能，通过更改模型关联所有更改信息，对于项目文档电子化更改管理、更改过程信息、更改对象内容等信息可以随流程流转，实现更改闭环控制，并且设计人员可以对更改过程进行追溯。针对航天电子系统领域中关于数据安全和版本控制的要求，设计权限管理和版本控制模块。权限管理是指在传统的基于角色的访问控制模型的基础上，引入权限密级的概念，实现对数据的分密级管理。版本控制是指一个完整的航天电子系统设计必然经历模型设计、

仿真验证、修改和综合权衡的过程，版本控制将实现对这个创造过程的记录，以及对设计仿真软件和设计模型的版本管理和控制。

在流程协同方面，组织内的协同和组织之间的协同都很重要。山东航天电子技术研究所使用工控网络环境下的虚拟化技术，以及高性能计算资源管理技术、版本控制与安全技术、基于 Web 的平台门户技术，搭建协同设计云平台，将协同设计云化管理，不同设计师通过登录 Web 的平台门户协同作业。云平台均衡管理计算资源、网络资源、存储资源，当任务量较小的时候，使用一般的优先级算法；当任务量大的时候，使用其他的智能随机算法，用以提高任务的调度管理效率。七〇一研究所完善跨专业协调机制，创新协调卡在线确认和模型会签方法，确保技术接口正确、有效。定期召开厂所数字化协同工作例会，通报工作进展情况和协调各方解决存在的主要问题，把解决措施落实到下一步具体工作计划及要求中，并在后续会上通报工作闭环情况。七〇一研究所采用数字化思维，将协同设计过程中产生的问题记录在协同设计平台的问题管理模块中，通过平台实现对协调问题的跟踪、落实、闭环管理。在厂所联合设计方面，七〇一研究所牵头、总装厂参与组建厂所集成产品团队，综合解决舰船研制施工设计和生产放样阶段厂所间多专业协调问题，在统一的厂所协同服务器环境下开展协同设计工作，将舰船三维模型从技术设计方案固化开始，一直设计到满足面向生产制造需要的模型的状态结束，直接面向总装厂进行模型发放，形成设计制造单一数据源。

在与产品数字模型的融合方面，在产品数字模型的基础上建立研发流程，融合相对顺畅。铁建重工推进基于数字模型贯穿的设计仿真实验一体化建设，完成涵盖 90% 以上产品的技术规范编制，搭建产品设计管理、仿真数据管理和试验管理系统，与产品生命周期管理系统、高性能计算集成，实现设计、仿真、试验等任务、模型和数据的无缝传递，强化产品几何、功能、性能数字样机协同建模与仿真，将设计模型、仿真模型与试验数据相融合，使产品研制从物理试验转向虚拟仿真，形成基于数字模型贯穿的产品协同研发流程，促进产品创新。

三、做好数字化研发和智能制造的协同，抓好技术创新数字化的落地

数字化研发和智能制造的协同从两个层面展开，分别是企业层面和制造执行系统层面。

从企业层面来看，企业信息系统中要实现研发和智能制造在产品维度和流程维度的协同。山东航天电子技术研究所开发基线管理系统，该系统以已投产产品或模块为原型，涵盖产品电装及结构投产流程文件、印刷电路板设计文件、外协文件、软件文件、设计文件、工艺文件、物料清单等信息，同时建立一套合理有效的基线数据使用流程，优化新产品的生产流程，实现批产产品"设计师免参与"。铁建重工搭建企业级信息化集成，在企业层，以企业大数据管理系统和企业资源计划系统组成的企业信息集成管理系统为基础，搭建 PLM（产品生命周期管理）集中管理下的三维产品设计系统、与 ERP（企业资源计划）系统无缝集成的 MES（制造执行系统）、中央监控中心和远程监控智能服务系统。

从制造执行系统层面来看，研发和智能制造协同实现多品种、小批量甚至单件产品的个性化设计和生产。山东航天电子技术研究所通过自研生产管理制造执行系统的建设完善标准、编码等基础数据，打通设计、工艺、物资采购、生产、调度管理等环节；实现生产过程数据全集管理与智能分析，通过对现场设备、工具、人员等的全面管控，实现生产制造精益化管理，打破信息壁垒，加快在生产管理、制造过程管控、数据交互、智能装备等方面的应用，实现由流程驱动的精细管控和基于数据的决策管理，全面提升生产质量、效率和安全管理水平。铁建重工基于 MES 的

管理和数据传递，以自动焊接机器人为基础实现核心部件的自动化焊接，以智能坡口切割工作站为基础实现异形零部件坡口自动切割，以 CAD-CAM（计算机辅助设计制造）打通及 MES 相连的大型数控加工设备实现大型关键部件的自主加工和设备的互联互通，实现数控设备信息化、智能化管控、智能仓储和物流等。以制造执行系统作为装备制造数字化建设的核心与控制中心，与企业 ERP 系统和三维工程化系统进行模型和数据的纵向集成协同，对制造单元内的制造资源、计划、流程等进行横向管控，与产品设计紧密关联，对设计意图进行物化，通过系统集成与企业层和设备控制层的数据进行交换，形成制造决策、执行和控制等信息流的全过程闭环，实现高端定制化装备多品种、多流程、多形态、多单元的快速转换与协同生产。

第六节 企业技术创新管理建议

面向世界科技前沿、面向国家重大需求、面向经济主战场、面向人民生命健康，成为国家战略科技力量重要组成部分的科技领军企业，将继续在打造国家战略科技力量、培育创新重要发源地、突破"卡脖子"技术、把握复杂产品系统、响应创新数字化浪潮等方面发挥重要作用。政府可以着力于促进企业提升技术创新管理能力，让技术创新和管理创新成为企业创新驱动的双轮。

一、增加以企业牵头的战略技术创新，扩大企业技术创新管理的范围和幅度

中国石油、中国重燃等在战略技术创新突破过程中发挥了企业牵头的优势。政府在部署战略技术攻关的过程中，可以考虑增加企业牵头的战略技术创新，带动一系列企业在战略技术创新领域提升能力。政府还可以在战略技术创新攻关的前期甚至立项期间，把战略技术创新的立项作为一个课题来做，在系统探索的基础上做好顶层设计，合理确定攻关的阶段及其阶段目标。对于企业牵头的战略技术创新，政府可以增加不同攻关计划之间的交流，不只是技术攻关的经验交流，还有技术创新管理经验的交流，甚至可以在战略技术创新完成之后的总结中，增加对技术创新管理经验的总结，供后续攻关计划参考借鉴。战略技术创新不只是科技的攻关，也是

企业技术创新管理的攻关。参与战略技术创新的主体涉及多个企业、大学、研究院所等，企业技术创新管理的范围和幅度不断扩大，管理难度不断增加，因此，牵头企业要提升管理能力。

二、支持科研院所和企业打通创新链，成为具有更高水平的原创技术创新策源地

无论是科研院所还是企业都要加大原创技术创新力度，首要任务是打通创新链。政府可以资助相关研究专项，总结不同创新主体在主体内部或主体内外打通创新链的经验，形成可以借鉴的多种创新链模式。政府也可以组织原创技术创新管理经验突出的企业或科研院所，交流、传播其管理经验，尤其是一些管理创新探索。人才在原创技术创新中的作用重要非常，对于在事业编制的科研院所、国有企业等单位的人才，政府可以鼓励科研院所和企业探索多种形式，按照规定实施以股权为主的多元激励，做到人才在原创技术创新中的责权利对称。

三、继续发挥国家重大需求在"卡脖子"技术创新中的重要作用

无论是国家级重大工程项目，还是涉及国防、国家经济安全等方面的重大需求，政府可以继续发挥国家重大需求在"卡脖子"技术创新中的重要作用。政府可以资助研究国家重大需求中的用户主导创新管理模式，形成企业以应用场景为核心、以技术自主可控为己任的技术创新管理系列经验，让相关企业的经验为更多企业所用。

四、关注企业在复杂产品系统创新中建立复杂产品开发的技术体系

政府在鼓励企业进行战略技术创新、原创技术创新、"卡脖子"技术创新的过程

中，一方面可以适当偏向复杂产品系统创新，另一方面不仅关注企业对某个复杂产品系统的攻关成功，更要关注企业建立复杂产品系统创新能力，建立支持复杂产品开发的技术体系，从而能够具有持续进行复杂产品系统创新的能力。

五、鼓励企业扎实推进产品数字模型的建设

产品数字模型是企业技术创新数字化的核心。政府可以鼓励企业在已有工业化和信息化融合的基础上，以产品数字模型为核心，提升产品数字化研发能力，推进研发流程的数字化，做到数字化研发和智能制造的协同。鼓励企业在产品数字模型的基础上形成产品数字孪生能力，为产品研发、制造、运行、服务智能化提供基础，在数字经济时代培育企业的竞争优势。

第三章

企业人力资源管理专题报告

第一节　构建高竞争力的人才战略：从支撑战略实施转向人才引领发展

第二节　提升人员配置效能：从静态配置转向市场化动态配置

第三节　推进绩效薪酬改革：从岗位付薪转向价值贡献付薪

第四节　畅通职业发展渠道：从纵向晋升转向纵横贯通发展

第五节　提升人才队伍能力：从个体先进迈向群体先进

第六节　数智赋能：从经验驱动转向数据驱动

第七节　企业人力资源管理建议

综合国力竞争说到底是人才竞争，人才是衡量一个国家综合国力的重要指标。国家发展靠人才，民族振兴靠人才。在中国制造向中国创造转变、中国速度向中国质量转变、制造大国向制造强国转变的背后，需要亿万执着专注、精益求精、追求卓越的人力资源支撑。面对新时代的要求，人力资源管理必须要有新理念、新主张、新作为。

面对世界"百年未有之大变局"，我国比历史上任何时期都更加渴求人才，要加快确立人才引领发展战略地位、深化人才发展体制机制改革、构建具有全球竞争力的人才制度体系，落实聚天下英才而用之的总体战略部署，深刻把握大国竞争下人才工作逻辑和路径。必须要纵深推进新时代人才强企战略，坚持全方位培养、引进、用好人才，坚持深化改革、创新机制、优化服务，以科技人才队伍建设为重点，突出培养造就"高精尖缺"人才，系统优化人才发展的制度体系、培养体系、承载体系、激励体系、保障体系，持续提升企业人才承载力、创新力、竞争力，为推动企业高质量发展、服务国家高水平科技自立自强提供坚强的人才支撑。

本报告以第 28 届全国企业管理现代化创新成果中与人力资源管理相关的 29 项成果作为研究对象（部分包含第 27 届的成果），围绕人力资源规划、人员配置、绩效薪酬、职业发展、能力提升和数字化人力资源管理展开研究，分析人力资源管理的发展趋势，总结人力资源管理创新的先进经验。

第一节

构建高竞争力的人才战略：从支撑战略实施转向人才引领发展

当前，世界"百年未有之大变局"正在加速变化，新一轮科技革命和产业变革蓬勃兴起，深刻改变着全球的经济结构、创新版图和国际格局，各国普遍把人才作为综合国力竞争的核心要素，把人才战略上升为国家战略，国际社会对于尖端人才的争夺日趋激烈，力争通过提升人才竞争力引领科技创新力、社会生产力。在这场决定未来发展的竞争中，谁能培养和吸引更多优秀人才，谁就能占据优势、赢得主动。无论是推进我国经济高质量发展，还是实现质量变革、效率变革、动力变革，都要求巩固与扩大我国人才资源优势，尽快建设一支规模宏大、结构合理、素质优良的创新人才队伍，不断夯实经济社会持续健康发展的人才基石。因此，坚持人才引领发展的战略地位，是适应新形势、新任务的迫切需要。

人才引领发展也是战略性人力资源管理在新时代的体现，强调主动融入战略并成为战略的伙伴、变革的推动者和发展的引领者。人才是创新的第一资源，是民族振兴、赢得国际竞争主动的战略性资源，必须加强战略谋划和长远规划，构建人才引领发展的战略格局。在人才引领发展方面，优秀企业的先进经验和关键做法如下：一是紧盯科技前沿，面向国家重要战略需求布局人才，在关键核心技术"卡脖子"领域和未来科技产业发展前沿领域不断优化人才结构；二是实施精准靶向人才引进，加大对"高精尖缺"人才的引进力度，聚天下英才而用之，实现科技创新人才尤其是一流科技创新人才的全面聚集；三是构建用好人才的环境和机制，以激发活力为核心，赋能、赋权，持续完善激励保障机制，营造宽松的科研环境，在重大科研任务攻关中提供全方位支持。

一、紧盯科技前沿，面向国家重大战略需求布局人才

加快建设世界重要人才中心和创新高地，需要高质量的人才战略布局。人才发展规划是建立在人才战略判断、战略目标与竞争环境分析的基础上，对人才开发、使用、激励的总体布局、目标配置和路径选择。从目前来看，企业的人才发展规划依然面临很多困难。一方面，面临人才发展规划战略性不高、引领性不强、系统性不够、精密性不足的问题。因此，必须先明晰人才战略，后进行规划布局，才能使人才发展规划具有前瞻性、系统性、协同性和有效性。另一方面，面临核心技术、底层技术受制于人、存在大量"卡脖子"问题、制造业处于全球价值链中低端的尴尬，人才队伍"大而不强"的问题尚未解决。因此，必须集聚于高质量关键性人才的布局，才能使人才引领发展的战略得以顺利落地。

在坚持人才发展规划的战略性方面，要牢牢把握住国家的重大战略需求和企业自身的使命定位及战略发展方向，积极布局人才工作，确定人才队伍建设和人才结构优化的目标。中国电子科技集团有限公司（以下简称中国电科）坚持国家战略部署到哪里，人才工作就跟进到哪里。聚焦国家战略急需的基础软件、核心元器件、高端制造装备等关键核心技术"卡脖子"领域和未来科技产业发展的前沿性、颠覆性、非对称性技术领域，按照"四大板块"战略布局梳理重大任务，支持和鼓励科技人才根据国家发展的急迫需要和长远需求，在重大任务实践中敢于提出新理论、开辟新领域、探索新路径，多出战略性、关键性重大科技成果，不断攻克"卡脖子"关

键核心技术，不断向科学技术广度和深度进军，把创新主动权、发展主动权牢牢掌握在自己手中。中电国睿集团有限公司（以下简称中电国睿）聚焦"能打仗、打胜仗"的国家军事需求，围绕"电子强军、科技报国"的企业使命和"世界一流创新型领军企业"的战略目标，以国家预警探测体系和能力需求为战略基点，运用战略人力资源管理理念和分析方法，围绕强军首责、突出科技创新、聚焦主责主业，以战略规划、技术规划、市场规划为抓手，通过技术盘点严谨的流程设计，分析各技术外部环境变化，分析机会与挑战，通过审视内部优劣势，形成技术发展分析和应对策略，与规划部门、市场部门、科研管理部门和用人部门充分迭代讨论，制定人才队伍建设目标和人才引进实施举措。京东方科技集团股份有限公司（以下简称京东方）强化专利人才的布局和规划，加强技术战略、产品战略人才同步积累。京东方作为国际化高科技企业，认识到科技与资本竞争归根到底是人才竞争，解决高科技"卡脖子"问题必须解决人才队伍建设问题，为此以市场化、国际化、专业化为方向，逐步建设了一套系统的核心人才管理体系，自主创新能力不断强化。对提升公司主营业务领域"长牙齿"的专利数量，实现技术卡位并构建专利攻防体系的领域，提前完成人才布局与落地。对专利人才的投入产出定期进行人效分析，持续优化组织机制，赋能技术营销和专利运营管理能力，推动专利人才结构优化和价值发挥。

在高质量关键性人才布局方面，围绕党管人才的要求和新一轮科技革命和产业变革等新领域、新场景、新应用，紧抓顶尖人才、领军人才和创新人才的布局工作。中国电科坚持人才是创新的第一资源，按照顶尖技术人才、核心技术人才、骨干技术人才、基础技术人才四个层次梳理人才队伍体系（见表3-1），并将顶尖技术人才和核心技术人才作为领军人才队伍建设的目标对象；准确把握领军人才价值实现、成就导向的核心特点，发挥央企集团的平台优势，打造吸引领军人才的综合优势，建立领军人才与企业共同成长的发展机制，激发人才效能。结合行业特征和科研活动组织模式，中国电科建立日常发现、动态管理、持续培养、梯队使用的"矩阵式"

人才培养机制,自主培养一批具有国际水平的战略科技人才、一流科技领军人才和创新团队、青年科技人才。

表 3-1　中国电科技术人才层次体系

序号	分类	胜任力描述	精神特质	代表性群体
1	顶尖技术人才	具有国际影响力的技术人才,拥有敏锐的技术洞察能力和对技术发展趋势的判断力,以及强大的系统工程管理能力和领导力	红色基因:对党忠诚、使命担当、事业认同 蓝色基因:创新创造、追求卓越、求真务实	两院院士、顶尖人才计划入选者
2	核心技术人才	对本领域技术具有深度理解、行业影响力和相关团队管理经验的技术人才,能独立组织制订大系统、大工程项目的技术方案		集团首席科学家、首席专家
3	骨干技术人才	资深基础研究和应用研发设计人员,能够独立负责某一专业模块的研发工作		集团高级专家、专家
4	基础技术人才	基础研究和应用开发项目的技术人员		实验室、科研项目设计师

二、汇聚英才,针对"高精尖缺"人才实施精准引进

把握人才全球化的新趋势和新特点,实施更加积极、更加开放、更加有效的人才政策,以更加积极的举措发现人才,以更加开放的胸怀使用人才,以更加有效的政策保障人才,聚天下英才而用之。但是企业在人才引进中也存在如下困难:一是什么样的人才算是人才?即人才的甄选标准是什么?二是如何把人才吸引过来?即人才的吸引机制如何?三是如何组织和实施人才吸引?即人才引进的组织机制。

在建立人才引进的甄选模型方面,中国电科牢牢把握全球创新格局重构的历史性机遇,立足推动国家重大科技攻关任务和战略领域关键核心技术突破,建立人才甄选模型,持续加大对"高精尖缺"人才的引进力度,使更多全球高端人才和智力

资源为中国电科所用。一是聚焦元器件、计算机软硬件、高端装备、先进材料等"卡脖子"问题，以及人工智能、大数据、网络安全等战略新兴领域，建立中国电科业务图谱，围绕电子装备、网信体系、产业基础、网络安全四大板块，理顺科研成果生成链条，梳理引才需求目录。二是引入"胜任力"视角，对岗位角色定位、核心任务要求、关键成功要素深入分析，明确对领军人才"关键技术能力、关键领导力、关键经验"的要求，形成人才胜任力模型。同时设立专门的"人才智库专家组"，吸纳集团内外部院士、集团首席科学家和首席专家及总部相关职能机构负责人组成专家团队，以"科研承担、科研成果、行业地位、获得荣誉"四个关键能力为导向，构建领军人才评价机制，精准、快速识别优秀人才。三是以人才胜任能力的全景扫描为依据，针对重大科技攻关项目和关键核心技术，诊断各板块、各专业人才对业务的支撑度，精准定位人才缺口，并据此制订引才专项行动计划，重点引进相关专业领域的高端人才。

中电国睿在全球新一轮科技革命的背景下，在深入分析军工企业科技创新工作特征和科技创新人才发展规律的基础上，承接"世界一流创新型子集团"的战略蓝图，按照匹配科技创新技术布局要求、匹配科技创新人才成长规律、匹配科技创新业务发展人才赋能的"三匹配"原则，构建具有军工特色的三维立体化人才匹配度模型，并将其作为人才标准的基本核心。一是提出以"是否有利于军事核心战斗力提升，是否有利于破解关键瓶颈问题，是否有利于抢占世界科技前沿高地"的"三个是否"为技术需求判断标准，将人才与技术方向直接匹配，精准确定引进目标的专业技术方向。二是结合企业不同科技创新任务所需人才类型，将人才划分为总师型、专精型、经营型三类人才，分别建立人才引进素质模型V2.0。采用科学的数据分析方法，不断优化人才能力素质模型。三是通过对科技创新人才从科研承担、业绩表现、创新成果、自我学习、行业交流五个发展维度进行最优尺度分析，考虑到不同成长阶段的人才成长周期、人才成才率、不同专业发展要求，根据通过人才盘点得到的人员现状和需求，测算得到需要引进的不同层次人数、不同学历人数、不同专业人数，确保充足的后备人才。

在人才的吸引机制方面，中国电科打造事业平台，开启强力磁吸模式。围绕国家和军队重大战略需求，以使命牵引满足人才对价值实现的需求，依托预警机、探月工程等为代表的一大批国家重大工程任务，加强宣传力度，为核心人才安排具有挑战性的任务，吸引人才参与到具有国家战略性意义的工程活动中。中电国睿建立"事业吸引、待遇吸引、文化吸引"的三元聚力人才吸引机制，通过构建灵活开放的发展平台、制定全方位待遇保障政策、传承红蓝基因人才价值理念，加强构筑人才吸引磁场。一是中电国睿基于国家重大攻关专项、国家重点型号任务、军科委重大课题的业务组合，为科技创新人才构建了与之相适应的不同的事业发展平台，包括以院士工作室和国家级重点实验室为主的前沿创新平台、以各技术领域技术中心为主的基础技术平台、以研制任务主要承担部门为主的工程技术平台，为引进人才提供不同的事业发展平台。二是制定《引进高层次人才管理办法》，为科技创新人才在科研工作、培养发展、薪酬激励、科技成果转化、生活住房等方面制定政策保障依据，给予专项基金、政策支持、特殊措施包等配套安排，实行"一事一议""一人一策"措施包，将人才住房保障、科研支持等费用支出列入专项预算。三是传承红蓝基因人才价值理念，扩大企业文化的影响，人才引进必须坚持文化和价值观先行，传承红色基因，具有对党忠诚、以人为本的根基；传承蓝色基因，具有科技报国、不拘一格的特质。

在人才引进的组织机制方面，中电国睿克服目前多数军工企业人才引进组织模式存在的诸多问题，按照人力资源业务伙伴管理理念，通过战略性人力资源管理、基础事务执行管理、人力资源共享平台管理，构建了以"人才引进专家中心、人才引进业务支持者、人才引进共享服务平台"为三支柱的共享（Share）、策略

（Strategy）、搜寻（Search）的"3S"架构人才引进组织模式，与战略目标有效联结，发挥专业优势提升引才精准性，全流程控制降低风险，如图3-1所示。

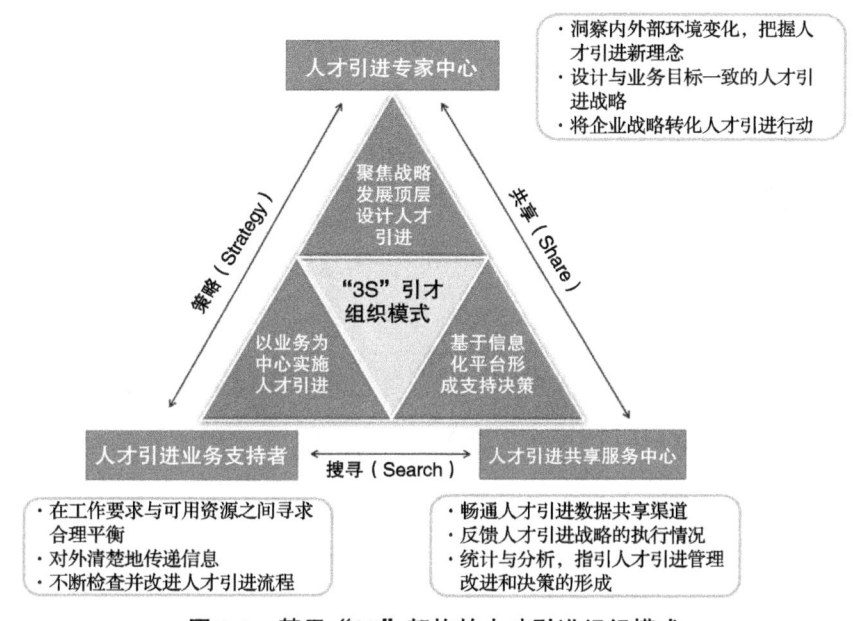

图3-1 基于"3S"架构的人才引进组织模式

中国电科则成立海外人才联谊会，依托海外创新机构，构建人才联盟，挖掘"以才引才"潜力。与北京邮电大学、南京理工大学等知名高校开展战略合作，与集成电路知识产权联盟等行业协会及相关科研单位打造创新联合体，通过项目经理制、联合攻关等方式，创新"柔性引才"模式。利用好国资委引才平台和科技部外专引智平台等，加强与海外高端人才的对接，扩大人才资源的获取范围。设立海外引才服务工作组，开通外籍专家来华绿色通道，持续做好引才安全保障。通过一系列行之有效的措施，实现聚天下英才而用之。

京东方在核心人才引进方面坚持市场化、国际化、专业化的人才建设目标，吸引海外优秀人才，搭建高层次人才引进平台。从实际需求出发，完善高端人才引进协调机制，建立目标人才地图，定点定向引入核心人才。同时，积极参与"归巢计划"，组织海外招聘专场，引进海外顶尖人才，以国际一流企业的知识、技能、经验为学习源头，培养了一批优秀的技术研发团队，为公司自主创新、掌握半导体显示核心技术提供了保障。

三、营造环境，以激发创新活力为核心用好人才

营造良好环境，加快形成有利于人才成长的培养机制，有利于人尽其才的使用机制，有利于竞相成长、各展其能的激励机制，有利于各类人才脱颖而出的竞争机制，培植好人才成长的沃土。在用好人才方面，需要解决两个方面的关键问题：一是薪酬激励机制，完善对创新人才实行股权、期权、分红激励的有效措施，完善科技奖励制度，让优秀创新人才得到合理回报和价值实现，充分释放各类人才创新创造活力；二是创新氛围，营造鼓励创新、包容创新的良好氛围，更要营造以尊重人、信任人为基础的创新氛围，使人才有尊严地干事业、敢于担当谋发展。

在薪酬激励机制方面，中国电科持续完善激励保障机制，建立适应不同创新主体的多元薪酬激励机制。一是对关键共性技术、前沿引领技术、颠覆性技术领域的基础研究人才，实施工资总额保障性支持。对关键核心技术攻关项目团队成员的工资总额实行单列。在"高新工程"、基础研究等领域向特殊人才及承担专项任务的团队进一步倾斜，制定特殊津贴标准。对重大型号研制、国家重大科研项目在科研项目经费中计列工资费。对于承担关键核心技术攻关任务，打造原创技术策源地和培育现代产业链链长科技创新核心能力的集团首科首专（首席科学家、首席专家）。对于重大节点突破，实行特殊奖励，建立"中途加油"机制，解决长期"冷板凳"激励不够、动力不足的问题。二是积极结合重点型号工程申报国家重大奖项，以创新平台和项目为依托，设立创新基金，通过单独授权、目标责任制、约定收益分配、

议薪制和揭榜挂帅等多种方式鼓励科技人才大胆探索、勇于创新。三是协调各创新主体工资总额、中长期激励等利益分配方式，保障对基础研究、重大工程项目的激励总额；探索开展科技成果作价入股，将成果转化收益，并以股权的形式奖励给科技人员，同时要求科技人员按一定比例现金入股，保障领军人才与企业同生共长、共同成功。京东方通过股权激励试点，形成企业所有者与劳动者的利益共同体，激发企业的科技创造能力和发展活力，实施异化激励授予，向技术研发核心人才与青年骨干倾斜，建立海外高端人才与价值贡献的强绑定。以限制性股票激励与股票期权激励合并的方式，解决激励对象选择的差异化问题。针对公司的中高层管理人员与高职级的核心技术研发人才，通过限制性股票方式，实现出资人与受益人的利益绑定；针对出资能力较弱的基层管理人员和技术人才，采用股票期权激励方式，享受公司股票增值带来的收益。

在营造尊重人才、鼓励创新和勇于担当的氛围方面，中国电科在整个集团营造尊重知识、崇尚创新、尊重人才、热爱科学、献身科学的浓厚氛围，让科研人员有职、有责、有权、有团队。把握关键核心技术研发"未知领域开拓、研发周期长、研发不确定性高"的特征，建立试错容错机制，以平台和项目为依托，完善创新团队建设机制，给予创新项目孵化期和一定容错率，对待年轻总师在工作推进中的失误和弯路，从各方面帮助其解决在技术、经验、思想等方面存在的困难，助力科技人员在挫折中成长，让科技人员有尊严、无顾虑地从事科学研究。中海油出台《贯彻落实"三个区分开来"容错纠错实施办法》《〈贯彻落实"三个区分开来"容错纠错实施办法（试行）〉释义》《关于受处理处分干部使用的实施意见》和《领导人员履职尽职合规免责事项清单（试行）》，建立起"谁发现谁申请，谁问责谁容错"多方协同容错纠错机制、"谁调查、谁澄清"的澄清保护机制，明确10种容错情形和一种"兜底"措施，严格执行"三个区分"开来，为敢担当、善作为的干部撑腰鼓劲。

第二节

提升人员配置效能：从静态配置转向市场化动态配置

人力资源是企业发展的第一资源，人力资源的合理配置是企业实现高质量发展的重要保障。2022年是国企改革三年行动的攻坚之年、收官之年，深化国企劳动、人事、分配制度改革三项制度改革，最大限度地实现人力资源价值增值，是提升企业活力、提质增效的关键环节。随着企业规模的不断发展壮大，企业用工总量偏大、人力资源分布不均、人均劳效偏低、人工成本较高等情况越发凸显，逐步成为影响企业高质量发展的突出问题。

首先，在干部任用方面，除了退休或者违纪处理，干部在任期满之后通常是按照级别进行平级调动，从而产生了干部"难下"的问题。其次，在员工配置上，企业员工通常长期在同一部门同一岗位工作，进而导致了眼界局限、思维僵化、工作方式方法固化的情况，并限制了个人能力的提高。最后，在员工发展上，大部分国有企业即使在面临经营及发展困境时，也不会选择裁员，结果出现了国有企业员工"难出"的问题。因此，需要通过深化改革，增强全员竞争意识，解决结构性冗员问题，健全管理人员退出机制，进一步激发员工的内生动力和创造活力。

在优化人员配置方面，优秀企业的先进经验和做法有如下三点：一是完善干部能上能下制度，对工作业绩突出、做出较大贡献的干部大胆提拔使用，对业绩考核不达标、不能胜任岗位工作、不在状态和触碰红线的领导干部按照协议规定及时解聘调整；二是健全岗位动态调整机制，通过采取轮岗交流、兼职锻炼等形式，提高优秀年轻干部的业务水平和综合素质，加强复合型人才和年轻干部队伍建设；三是构建员工能进能出的市场化用工体系，灵活运用劳务派遣、业务外包、实习等多种用工形式，合理使用各类社会人力资源。

一、能上能下，打破干部"铁交椅"

三项制度改革的重点之一就是要实现干部能上能下。干部"能上"的难点有：选拔干部的标准是否科学、合理？考核干部的制度是否完善、健全？干部"能下"的难点有：缺乏让干部"下来"的科学、完善的制度机制，"下来"干部后顾之忧的问题尚待解决。因此，必须完善干部的考核制度和进入—退出机制。通过推进干部选拔制度，可以及时识别和任用德才兼备的精良干部，营造择优而聘、择优而升的干部选用氛围，充分激发干部的工作热情，为干部队伍注入活力；通过实施干部淘汰制度，可以淘汰不能胜任、不负责任、有重大过错的干部，使干部时刻保持危机感，不断以高标准严格要求和鞭策自己。确保干部人适其位、位得其人，优化企业干部队伍建设。

在解决干部"能上"方面，要确定好"上"的标准和规范。中海油以正确的用人导向引领干事创业导向，选用干部时一是突出政治标准，严格把好政治关这个首要关口。出台《关于在干部选拔任用中突出政治标准意见》，要求提任考察时对考察对象进行政治"画像"，业绩考核时对领导班子及领导人员进行政治评估和测评，强化对考察对象的政治表现情况进行深入考察和考核。二是树立注重基层和实践的导向，要求新提任为党组直管的领导人员应具有5年以上基层工作经历，新提任的中层领导人员应具有两年以上基层工作经历。突出事业为上、以事择人，明确破格晋升、提拔干部人才的具体情形，对在下一级正职岗位上任职时间较长、实绩突出、群众公认、特别优秀的干部，可以破格提拔担任上一级正职。注重"开门"评价干部，让职工群众拥有知情权、参与权、选择权和监督权，对群众反映问题较多的干部要及时核实，不放过任何细节，对群众公认的符合国有企业领导人员"20字"标准（信念坚定、为民服务、勤政务实、敢于担当、清正廉洁）的干部及时提拔、大胆使用。修订《领导人员选拔任用规范》，确保选出来的干部组织放心、群众满意、干部服气。京东方科技集团股份有限公司制定管理干部胜任力模型，依据干部胜任力模型，建立胜任力等级标准，对管理者业绩贡献与团队管理能力进行考察，并进行年度履职能力评估，对"暂不胜任"的管理干部进行重新竞聘上岗。超越科技股份有限公司通过专业的评估方式对干部进行全面评估，从而为公司在识人用人方面提供清晰、科学的建议。在干部盘点的过程中，摸索出"三看"原则：看业绩、看能力、看潜力，确定盘点范围后，依据KPI（关键绩效指标）达成指标综合加权看业绩；以360考评为基础，通过综合能力素质要素看能力；以潜力素质模型为标准看潜力，细化项目评价标准，共设置发展意愿、敏捷学习、成熟度、诚信领导力4个维度，以及吃苦耐劳、发现错误、专业视野、人际敏感、积极影响、真诚正直、使命必达等20个标准，提升评价的针对性和有效性。

在干部"能下"方面，也要明确"下"的标准和机制。中海油鲜明亮出干部优与劣的标尺、"上"与"下"的准绳，通过完善干部能上能下管理制度及配套措施，明确考核退出、制度退出、问责退出、不适宜退出四种"下"的途径外，创新推出中层干部"非优必转"这一硬核改革措施。两个任期综合绩效考评结果达不到"优秀"的中层干部，将不再担任领导，转聘其他岗位，发挥其专业技术作用。同时，中海油明确考核退出率，以硬指标推动干部"能下"常态化，鲜明树立起重品德、重才干、重担当、重实绩、重公认的导向。中国兵器工业集团人才研究中心实施"四下六问责"。即坚持不守规则的"下"，对违反"三重一大"有关规定，违反党纪政纪规定，不作为、乱作为的严格问责；坚持不保底线的"下"，对因履职不到位发生质量、安全、环保、稳定事故，以及触碰党纪政纪规定的严格问责；坚持不敢担当的"下"，对不敢改革怕矛盾、不想改革怕担当、不会改革少办法、不去改革多顾虑的及时调整；坚持不在状态的"下"，对在综合考核评价中连续两年排名末位的领导人员，经综合研判确属不胜任的及时调整。对重点科研项目拖期、军品订货任务未按期完成、在竞争中丢失市场、造成国有资产流失、监督管理失误、造成较大经济损失和企业形象受到较大影响等不良后果的进行问责。

二、内部流动，实现人员优化配置

要实现动态配置和提升人均效能，必须让人才流动起来。通过人才轮岗和交换机制，可以拓宽人才视野，扩充人才知识，使人才积累不同领域、不同岗位的工作经验，进而提升人才的素质和能力，促进复合型人才培养。同时，岗位变动可帮助人才打破惯性思维，不断挑战新事物，走出"舒适圈"，也有效避免了职业倦怠。人才跨单位、跨岗位交流也促进了各单位及各部门人员的合理配置，加强了不同单位和部门的交流协作，缓解了人员短缺问题。但是人员在内部流动中还需要解决体制机制问题，让内部流动真正实现有制度可依、有效果可见。

中海油、中国电科均建立了借用、轮岗等人员流动制度，员工可以跨部门、跨单位交流工作，也可以在本部门不同岗位间轮换任职。中海油加大干部人才交流力度，打破单位、领域、条块之间的"体内循环"壁垒，推动干部人才多区域交流任职，让交流为干部人才队伍注入活力。在跨区域交流中，积极选派优秀干部人才到境外单位、重大工程项目特别是"一带一路"项目实战实训。建立总部干部轮换岗制度，推动总部与基层、单位间、板块间、国内外间的干部交流任职，每年各单位各层级干部换岗交流面需达到20%。完善年轻干部横向挂职制度，推动年轻干部人才跨地区、跨单位锻炼，特别是到西藏自治区、青海省等艰苦地区接受锻炼。创造良好的干部人才交流环境，关心交流干部的生活，营造崇尚交流的良好氛围。中国电科出台科技创新人才流动管理办法，健全领军人才集团化配置机制，围绕重大工程、重大任务在集团范围内组建跨单位联合攻关团队，鼓励领军人才跨地区、跨领域、跨单位流动，促进人才资源高效配置，充分发挥各类专业人才的优势与协同效应，提高人才使用效率。适应市场经济和技术创新的发展要求，搭建与外部主体开放协同的创新环境，推动领军人才，特别是青年科技人才流动到与高校联合成立的协同创新中心，以及与集团公司建立长期合作关系的国内外机构和企业。完善科技创新人才流动配套保障机制，突破地域、身份等人才流动中的刚性制约，在不改变人才与原单位基本人事关系的前提下，实现人才合理流动。

三、能进能出，构建市场化用工机制

落实"三项制度改革"总体要求，健全市场化用工制度，实现人员能进能出。通过完善员工聘用机制，可以促进企业规范用工和科学用工，进而帮助企业吸纳有责任心和进取心、与岗位高度匹配的优秀员工；通过建立员工退出机制，可为工作能力和态度不合格的员工敲响警钟，提高员工竞争意识，激发员工内生动力；通过开展多元化用工机制，企业可以集中精力经营主营业务和拓展新业务，节约企业运营支出，并有效降低用工风险。

能进能出的第一种机制就是利用市场化用工体制的灵活性和弹性实现合理用工。东风本田汽车有限公司（以下简称东风本田）通过构建基于全生命周期动态平衡的精益化人力资源配置体系，促进企业"体质精简"降本增效，把"赘肉"变"肌肉"。在公司扩大产能时，东风本田为了提升企业用工体制的灵活性和弹性用工，以前瞻性的思路规划，合理改变劳动用工模式，将以合同制为主的用工方式转变为以协同

工、劳务工、实习生、业务外包等多样化用工。此外，东风本田为了维护公司的良好商誉，提前识别与降低潜在的批量解约风险，实现负面影响最小化。统筹和预置合理的弹性用工目标，人力资源与制造部门不断扩大弹性用工的岗位总量。明确劳务工退出预案。在与劳务公司签订合作意向合同时，在协议中建立完善的劳务工转聘政策及退出机制，使劳务工退出对企业影响的最小。

能进能出的第二种机制就是退出机制，有序实现退出。太原钢铁（集团）有限公司矿业分公司为推动人员有序流动，打通退出企业和退出岗位的"双退出"渠道，构建能进能出的良性循环机制，使企业始终充满活力，在构建人员退出机制方面进行了积极的改革实践。其主要做法有：一是成立劳务市场和创业站，畅通退出渠道。劳务市场用于接收和培训不胜任岗位的人员，创业站用于盘活人力资源，开辟再就业渠道，鼓励学有专长但在现有条件下无法充分发挥能力的员工开创新的事业。二是建立过错退出机制。对于触犯制度的职工，严格按照制度进行责任追究，该考核的考核，该下岗的下岗，该免职的免职，达到解除劳动合同规定的一律解除劳动合同；建立干部"辞职制度"，包括引咎辞职、责令辞职两种，因自身原因造成不能胜任岗位的干部要引咎辞职，不主动辞职的，由公司责令辞职。三是建立淘汰退出机制。通过定期绩效考评，将初次评价结果为不胜任的员工转岗至本单位辅助岗位进行培训，培训合格后重新竞争上岗。再次被评为不胜任的员工退出岗位，进入劳务市场，降低工资待遇，由劳务市场集中培训。四是建立"协议保留劳动关系"的退出机制。对于确有意愿离开企业但又担心将来退休时关系难以交接的人员，实行协议保留劳动关系的办法，由员工提出申请，劳务市场同意并办理相关手续后，保留双方的劳动关系，员工离开工作岗位，停发全部薪酬福利，由个人和企业按约定比例缴纳社会保险费，待达到法定退休年龄后，由劳务市场负责为其办理退休手续。

第三节
推进绩效薪酬改革：从岗位付薪转向价值贡献付薪

"薪酬能增能减"也是三项制度改革的重要内容之一。薪酬的"能增能减"涉及两个维度：宏观上来看，薪酬总额的"能增能减"，可以提升劳动效率，使企业人工成本支出的每一分钱都能产生更多的回报；从微观上看，个人薪酬的"能增能减"使员工的技能、努力和业绩能够获得对应的薪酬。从纵向上看，当员工自身较原来有提升，能够体现在薪酬标准和实得报酬上；从横向上看，当员工之间的能力、业绩和表现出现差距，同样能够反映在薪酬的差距上。要破解平均主义严重、薪酬主张模糊、薪酬结构固定的难题，必须进行绩效薪酬的变革。

《中央企业工资总额管理办法》明确指出，中央企业应当建立健全职工薪酬市场对标体系，构建以岗位价值为基础、以绩效贡献为依据的薪酬管理制度，坚持按岗定薪、岗变薪变，强化全员业绩考核，合理确定各类人员薪酬水平，逐步提高关键岗位的薪酬市场竞争力。因此，为了促进能者更能、劳者多得，企业需要健全以岗位价值、绩效贡献、能力素质、战略目标为导向的薪酬绩效激励机制，充分发挥薪酬激励在创效益、比贡献、提服务、强管理等方面的作用，从而激发员工内生动力，提升人均效能。

在优化绩效薪酬方面，优秀企业的主要经验和关键做法有如下三点：一是以绩效考核为支点，以提高价值创造、行为贡献为核心，构建多维度、差异化绩效考核机制，并强化对考核结果的应用；二是根据岗位的职责、所需资格条件、岗位与核心业绩相关性等方面评估该岗位在组织中的相对价值，结合岗位价值和员工个人在该岗位中的工作成果、工作态度、突出贡献等绩效表现确定员工薪酬；三是建立长期激励机制，根据员工为企业创造的价值为员工配置股份，从而使员工的利益与组织的利益紧密结合在一起，促进员工主动关注企业的长远发展，为实现企业利益最大化而努力工作。

一、目标牵引，量化岗位和项目的贡献考核

组织目标是企业经营发展的方向。通过以组织战略目标为导向，结合岗位职责、岗位价值等建立考核指标，可以客观、科学、全面评价员工贡献，充分发挥薪酬激励在创效益、比贡献方面的价值和目标导向作用，促使员工不断提升自己，最大程度发挥自己的价值，为了推动组织战略目标实现而努力工作。因此，必须要打通组织目标和个人目标之间的关联，把组织绩效目标转化为个人绩效目标，客观识别和评价岗位价值和业绩贡献，并给予员工相应的薪酬回报，使员工得到有效激励，进而为组织创造更大价值，从而形成了一个自闭环激励机制，使组织产生持续发展的自驱力。为此，必须做好两方面工作：一是做好绩效考核的基础工作，正确评估岗位或者项目对组织目标的整体贡献度；二是做好绩效考核的差异化应用，设计差异化的绩效考核指标，以评估不同岗位类别和业务属性对组织目标的具体贡献度。

在评估项目或者岗位对组织目标的整体贡献度方面，中国兵器工业第二〇三研究所和中国电子科技集团公司第十一研究所的经验值得借鉴。中国兵器工业第二〇三研究所构建统一的项目价值评估模式。通过对项目研制的工作量和创新性、对企业持续发展的促进、对当期及远期的经济效益等进行量化评估，以目标考核为

导向，科学、合理地对项目研制团队的贡献进行评价，促进高质量完成科研项目研制，解决项目研制拖期问题，为研究所的可持续发展提供重要支撑。全面梳理科研项目的基本属性，包括项目类别、项目来源、研制周期、研制经费、团队规模、配套情况、成果形式、创新性、技术难度、技术成熟度等，从当期价值和远期价值两个维度进行提炼归纳，并开展相关性分析，确保各项指标相对独立。同时，以兼顾全局、统一协调为原则，依据科研项目评估的基本内涵，全面量化科研项目的当期价值和远期价值，确定了科研项目评估模型，如图3-2所示。在对科研项目进行评估的基础上，将科研项目责任指标（任务量、创新性、资源投入等）和综合管理指标（完成情况、完成品质等）分开评价，实现项目考核自己和自己比。

中国电子科技集团公司第十一研究所则聚焦岗位价值，开展岗位价值评估。对岗位的重要程度、职责大小、工作强度、工作难度、任职条件、工作环境等特性进行评价，以确定岗位的相对价值，并据此确立与职责相匹配的岗位序列价值等级体系。以岗位价值和业绩创造为导向，建立基于"绩效类别＋考评评级"双约束的21×7矩阵式绩效工资计算模型。通过该绩效计算模型的实施，将绩效工资与岗位价值、业绩创造进行强关联。

在评估不同岗位类别和业务属性对组织目标的具体贡献度方面，中国电子科技集团公司第十一研究所的经验值得借鉴。中国电子科技集团公司第十一研究所将岗位指标设计为个人绩效指标、组织绩效指标、协作绩效指标三大类，根据岗位层级、岗位序列赋予每个岗位不同的绩效考核指标，如图3-3所示。

对于组织绩效指标，根据组织职责目标来确定，主要包括收入、到款、新签合同、成本控制、科研生产任务完成情况、科技创新、重点管理任务完成情况、质量、安全、保密等指标。

第三章 企业人力资源管理专题报告

科研项目评估分 =（基础得分 × 贡献度 + 经费得分）× 调节系数

基础得分 = 影响度 × 配套层级系数 × 计划科研周期

领域（项目）发展 + 专业（技术）推动

[净流入经费 + 0.1 × (总经费 − 净流入经费)] / 1万元

自筹经费补偿 × 竞争性激励

影响度

指科研项目在国家、集团、所层面的地位、影响力和重要程度。依据项目来源、类型等属性由专家打分，分值区间1～10

配套层级系数

将项目分为系统级、分系统级、部件级、集成技术或单项技术级项目，取值0.3～1

计划科研周期

指科研项目的总研制周期，按研制合同确定，单位：月

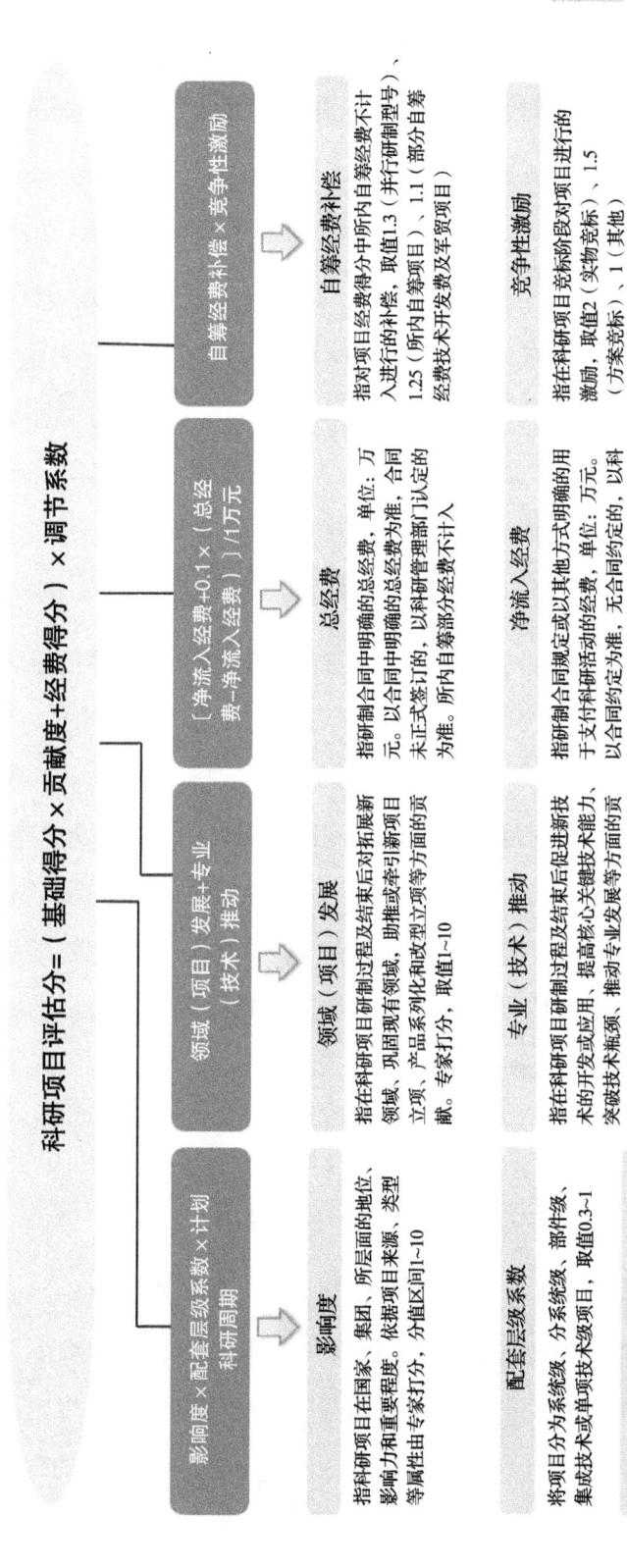

领域（项目）发展

指在科研项目研制过程及结束后对拓展新领域、巩固现有领域，助推或牵引新项目立项、产品系列化和改型立项等方面的贡献。专家打分，取值1～10

专业（技术）推动

指在科研项目研制过程及结束后促进新技术的开发或应用，提高核心关键技术能力，突破技术瓶颈，推动专业发展等方面的贡献。专家打分，取值1～10

总经费

指研制合同中明确的总经费，单位：万元。以合同中明确的总经费为准，合同未正式签订的，以科研管理部门认定的为准。所内自筹部分经费不计入

净流入经费

指研制合同规定或以其他方式明确用于支付科研活动的经费，单位：万元。以合同约定为准，无合同约定的，以科研管理部门认定的为准。所内自筹经费不计入

自筹经费补偿

指对项目经费得分中所内自筹经费不计入进行的补偿，取值1.3（并行研制型号）、1.25（所内自筹项目）、1.1（部分自筹经费技术开发及军贸项目）

竞争性激励

指在科研项目竞标阶段对项目进行的激励，取值2（实物竞标）、1.5（方案竞标）、1（其他）

图 3-2 科研项目评估模型

	管理序列	技术序列	技能序列
核心层	☆△○	☆△○	☆△○
关键层	☆△○	☆△○	☆△○
骨干层	☆　○	☆　○	☆　○
基础层	☆	☆	☆

☆个人绩效指标　△组织绩效指标　○协作绩效指标

图 3-3　不同岗位层级的绩效指标构成

对于协作绩效指标，根据对协作要求支持的情况确定，主要包括问题响应及时性、解决问题效果、支撑服务保障质量与效果等。

对于个人绩效指标，设计基于岗位类别和业务属性的关键绩效指标（KPI）。对于个人绩效指标设计，可以从两个维度考虑：一个维度是岗位类别，包括经营管理、专业技术、专门技能；另一个维度是业务属性，即项目或产品属性、专业技术属性、管理属性。同时根据组织结构及运行模式，以岗位目标和职责为依据提炼关键绩效考核指标，确保考核指标与业务高度匹配。

二、贡献导向，向创造效益岗倾斜薪酬分配

基于贡献分配收入是员工能力得到体现和回报的重要手段之一。通过形成价值创造效益、效益决定收入的收入分配导向，可有效拉开员工间的薪酬差距，使薪酬分配得公平与合理，确保有价值的岗位得到重视、绩效高的团队得到认可、贡献大的员工得到回馈、"高精尖缺"人才得到保留，进而激发企业人员的创新精神和内驱

动力，提升其工作积极性和主动性，从而提高企业经营和管理效率，为企业发展注入生机活力。

中国电子科技集团公司第十一研究所采取"倾斜核心、激励中坚、稳定基层、按要素和贡献进行分配"的薪酬策略，实施"基本工资、岗位工资、绩效工资、津补贴、中长期激励"的五元薪酬结构，秉承"优才优遇、优劳优酬、按贡献付酬"的薪酬管理宗旨，坚持价值和贡献创造的总体原则，形成重岗位、重实绩、重贡献，向科研生产一线、关键岗位和骨干人才倾斜的薪酬分配体系。此外，员工对组织的贡献是多方面的，不仅限于岗位职责范围。中国电子科技集团公司第十一研究所还设置专项奖励，用来奖励员工做出岗位职责以外有助于提升组织绩效的间接性的贡献，主要包括市场开拓类、创新创效类、企业文化类、风险防控类4大类，市场开拓奖励、项目竞标奖励、学术成果奖励、专项技术攻关奖励、评先评优奖励、人才培养奖励、全勤奖励、质量安全保密奖励、违规违纪处罚9小类，审价奖励、能力建设奖励、培训奖励、党工团委员奖励、回款奖励等39项。

陕煤集团神南产业发展有限公司结合对标先进，充分考虑并分析影响人力资源价值的多重因素，既包括员工本身的知识、能力、技能及其他因素，也包括企业自身提供的工作环境、工作流程、工作内容、工作标准等影响因素，积极推行具有内部竞争优势、针对不同基层员工绩效的"4P"考核制度，进一步推动薪酬分配向突出贡献人才与一线关键岗位倾斜，如图3-4所示。

三、共创共享，构建多元股权长期激励机制

股权激励是一种长期激励机制。通过建立多元股权制度，企业可以将员工利益与组织利益紧密结合在一起，尤其当员工享受到股权带来的收益后，更能对企业产

生归属感，进而以饱满的热情投入本职工作中，并为了帮助组织实现目标，主动承担岗位以外的工作。这一激励机制可以提高员工绩效，帮助企业留住员工，维持稳定的经营环境，形成良性循环。

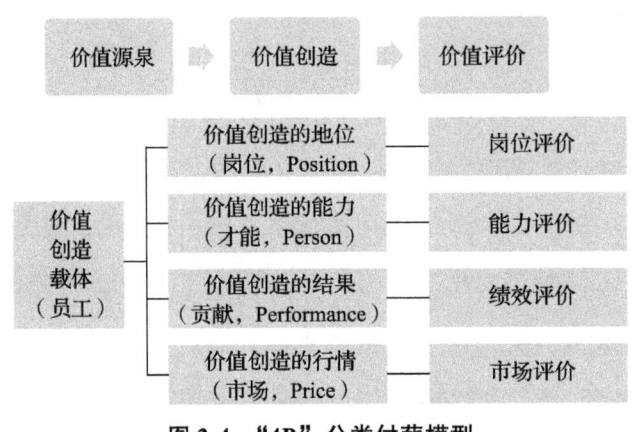

图3-4 "4P"分类付薪模型

在股权长期激励的实现方式上，按照当期与远期、现金还是股权可以分为四种方式：当期的现金激励是分红，远期的现金激励称为增值权，当期的股权激励措施称为实股，远期的股权激励称为期权。在现实生活中，企业经常采用项目跟投和虚拟股权激励的方式。无论采用哪种长期激励方式，都要涉及激励对象的确定和实施激励的条件设计。

在激励对象的确定上，有的企业是进行全员激励，有的企业采用的是对部分员工进行激励。中铁七局集团有限公司按照全员参与、风险共担、利益共享的原则，项目部所有在册正式员工必须全部参股。股权分配结合项目部管理责任矩阵进行量化，体现项目管理风险控制责任和岗位贡献大小、工作能力高低等方面的因素。股权由项目员工本人持有，不能转让、抵押；仅用于本项目实现超额利润时按照股权比例分享红利，以及项目未实现目标利润时在股金额度内按股权比例承担有限赔偿责任。项目部入股总金额为目标利润的20%~60%，可根据项目目标利润总额及员工经济承受能力选择合适的入股比例。入股总金额要与利润目标、经营风险、股权回报三者关联统一。中国直升机设计研究所的激励对象为对单位整体业绩和持续发展有直接影响的重要技术人员、关键经营管理人员和部分核心技能人员，主要包括中层领导人员、核心骨干员工和创新成果主创人 3 类人员。从岗位条件、业绩考核和创新成果等方面合理设定激励条件，激励人员总数不超过员工总数的 15%。

在激励分配方案上，必须明确实施分红的条件方能起到激励作用。中铁七局集团有限公司以预期利润目标和超额利润作为标的，分为四种情况实施激励。一是项目部全额实现预期利润目标，并实现了一定的超额利润，全部的超额利润由项目部全体员工按入股比例获取分成，全额退还股金，并按照缴纳期间各年的中国人民银行同期存贷利率平均值返还股金利息。项目部的模拟股权回报总额原则上最高不超过项目部入股总金额的两倍。二是项目部实现预期利润目标，但没有超额利润，股金全额退还，并按照缴纳期间各年的中国人民银行同期存贷利率平均值返还股金利息。三是项目部未实现预期利润目标，未完成的目标利润由项目部全体员工在已缴纳股金总额的限度内按入股比例承担，从入股总金额中扣除，如股金有剩余则返还员工，返还及扣除的股金均不再计取利息。四是在期末绩效考核时，模拟股权分配收益按回款比例进行兑现，待项目应收账款及质保金等款项全部收回、债务全部清算时方可全额兑现。中国直升机设计研究所设定激励基金，激励基金按照研究所当年净利润和净利润增加值的相应比例进行核算和提取，同时控制在当年净利润的 15% 和工资总额的 5% 以内。综合考虑激励对象的岗位价值和业绩贡献，公平、合理地分配激励基金。激励对象的可分配激励基金数（FAT）计算公式如下：

$$FAT = F \times \frac{ZL_i \times GW_i \times JX_i \times KY_i \times LJ_i}{\sum ZL_i \times GW_i \times JX_i \times KY_i \times LJ_i}$$

其中 F 为当年度激励基金总数；ZL_i 为部门战略系数，根据各部门承接上级考核指标、推动重大型号科研和技术管理创新的责任而确定；GW_i为岗位分配系数，根据员工的岗位价值而确定；JX_i为绩效考核系数，根据员工上一年度和当年度的绩效考核结果而确定；KY_i为科研系数，向科研一线倾斜，科研人员是其他人员的1.2倍；LJ_i为领军系数，加大对领军人才的激励力度，领军人才是其他人员的1.5倍。

对于适合产品孵化的创新项目，采用股权投资模式，由中国直升机设计研究所直接投资或引入外部战略投资，团队成员跟投。为加大对团队成员的激励力度，团队成员个人持股比例不低于5%，团队成员总持股比例不低于50%。坚持以岗定股、动态调整的原则，员工持股与岗位和业绩相挂钩，持股员工与项目团队共享创新成果、共担市场竞争风险。通过建立虚拟股权激励机制，有效激发了创新型人才从事创新工作的热情，逐步实现从"打工者"向"创业者"角色的转变。

第四节

畅通职业发展渠道：从纵向晋升转向纵横贯通发展

传统的员工职业发展和晋升路径多为"直上直下式"单一纵向通道模式，即按照员工级别、主管级别、经理级别的顺序，晋升通道过于单一，且缺乏明确的标准。这种"直上直下式"的晋升通道容易造成"挤独木桥"的现象，再加上没有明确的晋升标准，员工不清楚自己的发展方向，工作积极性也难以提升。对于技术人员而言，其晋升通道就是初级、中级、高级的技术职称晋升，属于单向晋升，而一些协调性比较强、技术水平又相对较差的人员更适合做技术管理类岗位，但他们因"转型无门"也不得不另寻他路。由于晋升通道的设计缺乏合理性，员工的发展和提升受限，企业也会出现人才不均衡的情况，有的部门急缺优秀人才，而有的部门却会出现优秀人才因得不到重用而流失的现象，难以实现人才的系统性发展和培养。

随着个人需求的多样化，人才愈加注重自身的职业发展和自我价值的实现，对企业建立多重人才职业发展通道的期望值日益提高。为了促进员工与岗位的匹配，企业需建立多序列、多层次的职业发展通道，拓展员工工作领域的深度和广度，从而助力员工实现自我。

在完善职业发展方面，优秀企业的主要经验和关键做法有：一是立足于自身的战略发展视角，拓展晋升通道，积极采用多序列晋升制度，每个岗位有多层职级，员工可以在纵向通道上深入发展，也可以在横向通道间相互转换；二是结合不同序列的特点及不同岗位的现实需求，打开各序列、各职级之间"动态"流通通道，引导员工合理流动；三是在青年人才晋升中，打破年龄、学历等的限制，畅通青年干部发展通道，对于能力特别出众或有重大贡献的青年干部进行破格提拔或越级提拔。

一、立体架构，建立多序列职业发展通道

立体架构的构建是建立职级体系的基础与基石，包括横向岗位序列设计、纵向岗位层级设计。在横向上进行序列归类管理，对各通道相适岗位制定相似的培养标准、上岗标准、考评标准、绩效标准，不仅强化了各通道序列管理的一致性，也有利于让合适的人去做合适的事，让合适的事找到合适的人，真正做到量才适用、人岗匹配。纵向上管理有利于体现相同工种的各种差异，立规则、压担子、给梯子，让想干事的员工有发展机会，让能干事的员工有施展舞台，让敢挑战的员工实现价值，真正体现不劳不得、少劳少得、多劳多得、优劳优得，激发员工全场竞技，释放工作潜能。浙江金温铁道开发有限公司（以下简称金温铁道公司）的经验具有典型性。

在横向岗位序列设置上，金温铁道公司根据公司岗位工种的实际情况，对全部岗位、职位实施归类管理，进一步设计形成操作技能、专业技术、综合管理三大序列通道。第一类是综合管理通道，包括现有从事各项行政管理工作的中层干部、经理级人员、主管级人员、一般管理人员、后勤保障人员等。第二类是专业技术通道，员工通过在专业岗位上的技术、经验、知识的积累及个人能力的提升，从一般岗位专员晋升到高级岗位专家的发展通道。第三类是操作技能通道，主要为一线生产者，经岗位培训鉴定合格或职业技能鉴定取得相应职业资格证书的人员，包括所有生产岗位。

在纵向岗位层级设计上，金温铁道公司在区分"三大"通道序列的基础上，为进一步体现相同工种、序列的不同层级，根据员工专业能力在深度与广度上的差异化，将员工能力分成不同等级，概述每个等级员工核心能力的要点。综合管理类序列设L1～L10共10个等级，其中：L1～L4侧重业务学习，L5～L7侧重专项业务能力积累，L8～L10侧重复合型人才培养。专业技术序列设L5～L10共6个等级，其中：L5侧重现场技术学习，L6～L7侧重专项专业技术积累，L8～L10侧重专业领域贡献。操作技能序列设L1～L10 10个等级，其中：L1～L2侧重个人岗位学习，L3～L4侧重现场技能积累，L5～L10侧重攻关创新发挥。

金温铁道公司基于横向"三通道"、纵向"十等级"，对关键人才类别进行强调和突显，进而形成梯状职级体系。每个序列根据人员结构、发展周期、发展周期通道长短差异化三个维度，从低到高区分形成自身成长和发展通道。相较旧的职级体系，新职级体系在员工职业发展路径上更加清晰，鼓励员工"成为自己职业发展的主人"，去寻找自己职业发展的"北极星"，为每一位员工指明了看得见、做得到、经过努力能兑现的职级明确目标。

二、横纵贯通，实现职业发展自由切换

横纵贯通的职业发展体系保障了发展通道的全面畅通性，帮助员工明晰职业发展路线。通过建立纵向晋升通道，可以促进各岗位员工专心致志地在各自领域里探索，并向精深方向钻研，进而确保员工均能在自身专长上有所发展和提高，使员工获得更多成长空间；通过设立横向转换通道，可以使员工根据自己的兴趣和优势调整自己的岗位，满足不同员工的职业发展需求，从而最大程度发挥员工自身价值。

唐山钢铁集团有限责任公司（以下简称唐钢公司）建立"纵向畅通、横向互通"

的多元发展职业路线，每个职级都有对应的基本任职资格及破格聘任条件，引入市场化考核、评聘、激励机制，规范岗位设置聘任标准，严格审核流程，实施评聘分开和动态管理。打破产业工人和干部的身份界限，破解行政管理序列、专业技术序列、操作维护序列之间的身份壁垒，改革人事管理体制和薪酬激励办法，完善高技能人才选拔任用制度，选拔任用优秀的产业工人担任管理与技术岗位，优化产业工人晋升路径，拓宽人才流动渠道，鼓励大学生扎根产线，加入产业工人队伍，提高产业工人队伍整体文化水平。唐钢公司员工职业发展路线如图3-5所示。

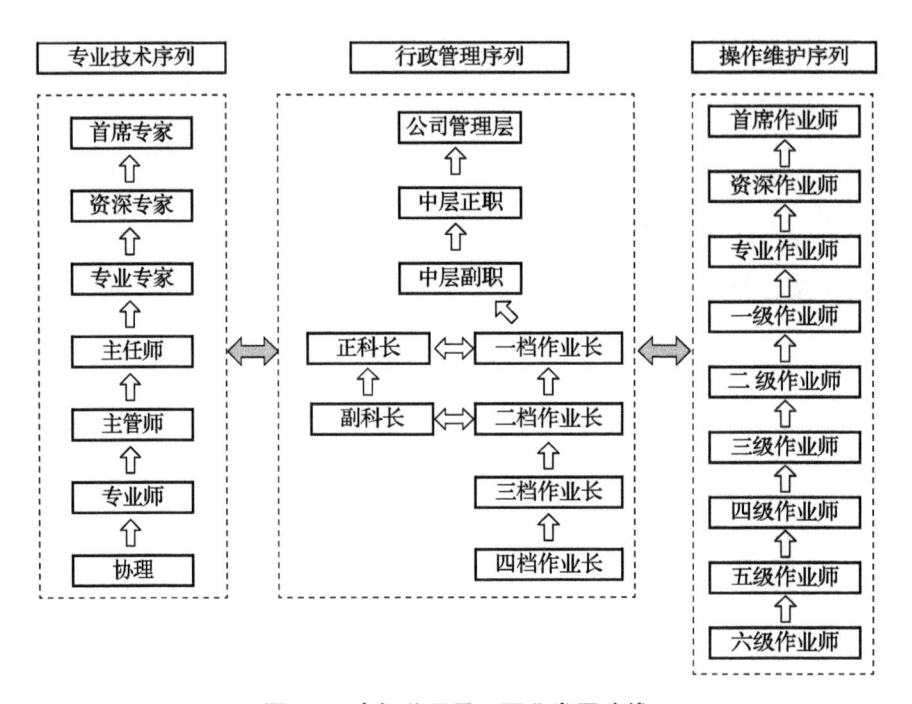

图 3-5 唐钢公司员工职业发展路线

邯郸钢铁集团有限责任公司（以下简称邯钢公司）在传统经营管理人才行政晋升通道之外，创新构建技术业务人才、操作技能人才成长晋升通道，在纵向贯通三支人才成长通道的基础上，打破三支人才通道壁垒，横向畅通三支人才通道，人才成长可在三个通道互相切换，实现与员工个人职业生涯无缝衔接。在传统经营管理人才行政晋升通道之外，技术业务人才成长晋升通道从低到高分为 8 级，依次为四档技术主管、三档技术主管、二档技术（业务）主管、一档技术（业务）主管和四级技术（业务）专家、三级技术（业务）专家、二级技术（业务）专家、一级技术（业务）专家。等级最高的一级技术（业务）专家可享受公司副职待遇。操作技能人才成长晋升通道从低到高分为 5 级，依次为助理技师、技师、高级技师、二级技能专家、一级技能专家。三支人才成长晋升通道"齐头并进"，让优秀人才晋升不再挤"独木桥"，有效激发技术业务人才和操作技能人才提升能力、奋力有为的积极性和主动性。在三支人才通道上，同一级别层次可互转移，如四级技术（业务）专家可从事副厂长，技师可从事二档技术（业务）主管等。一个通道某级层人才可竞聘另一个通道高一级层人才，如图 3-6 所示。

中国空间技术研究院西安分院结合载荷发展要求，系统性地梳理和建设多维、立体的岗位体系，形成"型号项目""技术创新""产品研制"各支队伍的岗位序列和职业发展通道，开展人才队伍的效能监测与分析研判，指导骨干人才发展全过程和全维度管控，通过统筹整体、聚焦重点、政策牵引，加速优秀人才流转，实现各支队伍人才的"梯次升级"和"横向交流"，拓展骨干人才职业发展空间。骨干人才职业发展通道如图 3-7 所示。

三、专设通道，促进青年人才脱颖而出

加强青年人才培养和锻炼对企业可持续发展有重要意义。通过建立青年人才绿色发展通道，打破"论资排辈"，可以快速提拔青年人才，树立其担当重任的信心和决心，激发其不断学习和实践的动机和信念，磨砺其直面压力和困难的精神和意志，从而发挥青年人才在企业中的排头兵和生力军作用，同时，提拔青年人才也优化了干部队伍的年龄结构，推动企业高质量发展。

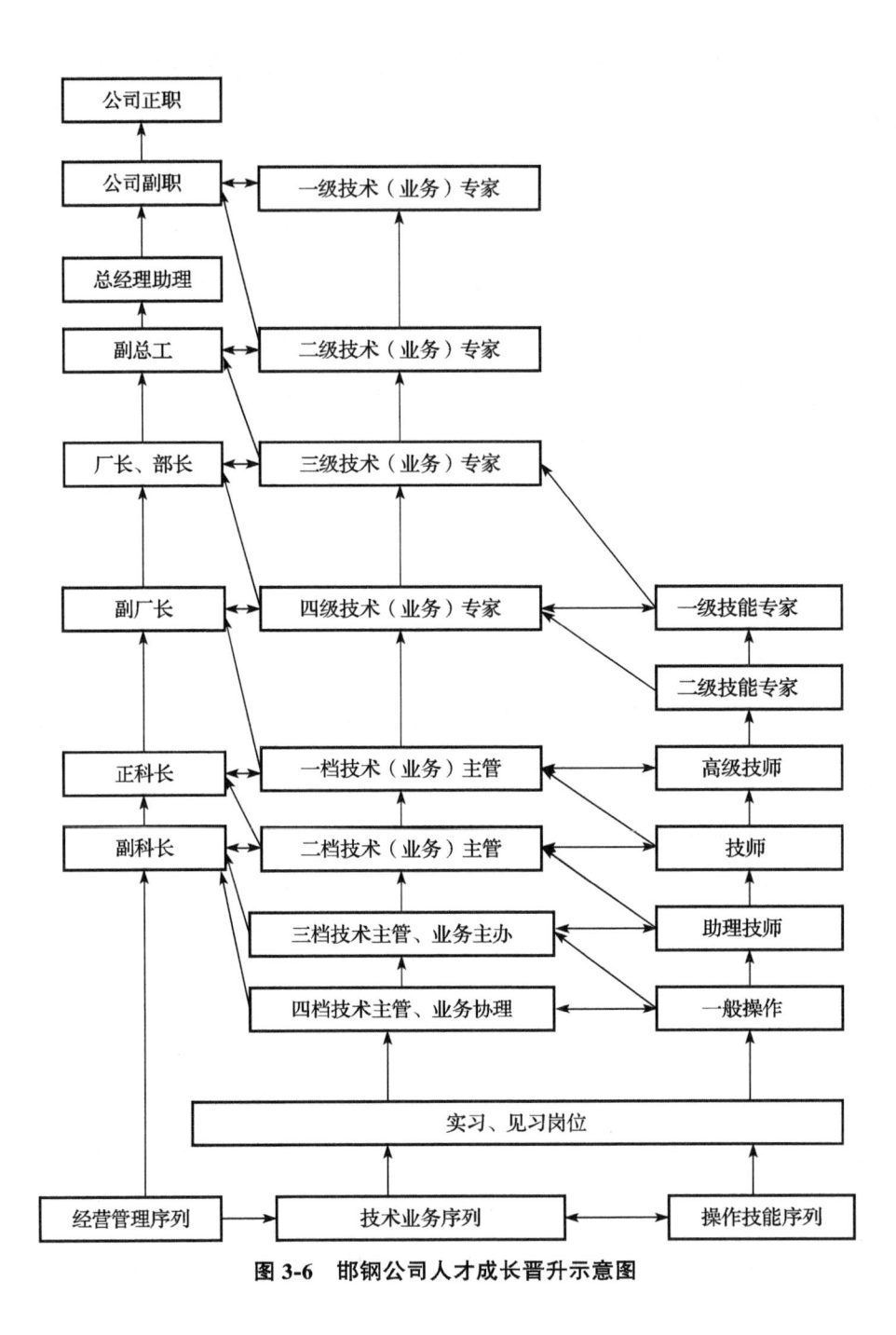

图 3-6　邯钢公司人才成长晋升示意图

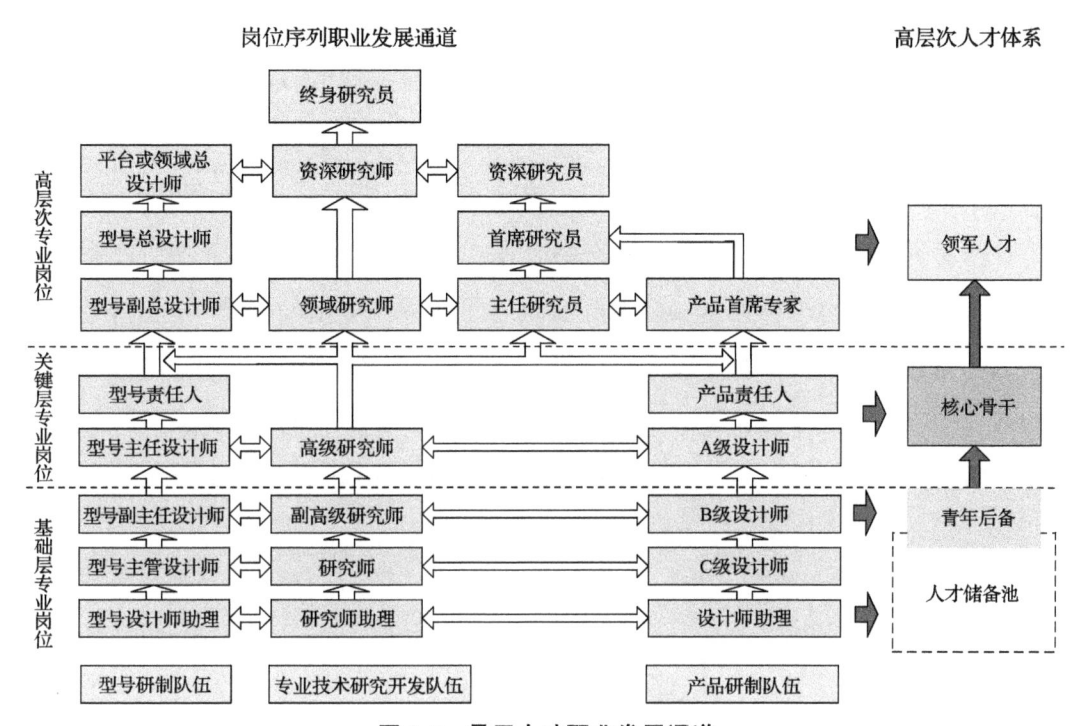

图 3-7　骨干人才职业发展通道

注重做好青年人才的选拔、任用工作。中国兵器工业集团人才研究中心始终将优秀的年轻干部视为兵器事业基业长青的重要保障第一。通过在全系统开展调研，筛选出了一批比较成熟、近期可用的优秀年轻干部，挖掘出一批有发展潜力的优秀年轻干部。中国兵器工业集团人才研究中心系统掌握了优秀年轻干部的数量、年龄结构、学历结构、行业分布、专业分布等情况，并且详细绘制了关键指标分析雷达图，对全系统优秀年轻干部的情况做到了心中有数，为大力发现、选拔和任用优秀年轻干部提供了依据。通过绘制雷达图，动态监测班子成员的年龄分布及变化趋势。针对比较老化的领导班子，选配一批年富力强、能力突出的70后、80后干部走上领导岗位，有效实现了班子年轻化。

注重青年人才的锻炼和使用。国网山西省电力公司（以下简称国网山西公司）一是树立"使用就是最好培养"的理念，在精准考察和识别的基础上大胆使用各级青年干部，重点培养学历层次高、年龄优势明显、具有发展潜力、管理潜质和业务特长的干部。对在关键时刻或急难险重任务中经受住考验、表现突出、做出重大贡献的青年干部，破除论资排辈、平衡照顾、求全责备等观念，打破任级早晚、职务类别等隐性台阶。二是对有发展潜力、需要递进培养的青年干部，抓紧放到关键岗位，结合跟踪考核、综合考评等结果，每年选拔各方面表现突出的优秀"上挂下派"人员到县公司担任实职，组织关系全部转移到基层，"断其后路"，使其心无旁骛地到基层进行锻炼。指导所属单位从大学生中选拔一定数量的好苗子到班组长、供电所长等实职岗位进行历练，在基层一线进一步扎实基础，积累经验、增长才干。

第五节

提升人才队伍能力：从个体先进迈向群体先进

实体经济是我国经济的重要支撑，做强实体经济需要大量技能型人才，需要大力弘扬工匠精神。截至2021年年底，我国技能人才总量超过两亿人，高技能人才超过6000万人，他们活跃在工厂车间和技术攻关一线，成为引领新经济、培育新动能的重要力量。从中国制造向中国创造转变，从中国速度向中国质量转变，从制造大国向制造强国转变，需要有掌握现代企业管理理论、熟悉企业运营、具有全球视野和战略眼光的经营管理人才队伍，需要有扎实的专业知识、较强创新研发能力、不断推进和引领技术进步的技术业务人才队伍，需要有执着专注、精益求精、一丝不苟、追求卓越的高技能人才队伍。

很多企业意识到高技能人才的重要，并不断加大对高技能人才培训的投入，但问题是许多企业的培训工作与企业人才战略及业务发展需求脱节，培训内容陈旧，手段落后，不注重人才投入产出效能，往往为培训而培训，不注重培训效果的转化。员工不愿学，学了耽误时间，浪费了学习资源，没有真正回归到如何为企业创造价值上来。高技能人才需具备系统思维、协调合作、自主学习等能力，对于高技能人才的培养必须采取重塑职业标准和人才质量观，重塑专业标准和知识技术体系，重塑技术复合与能力融合的培养模式。必须突破以往的培养模式，破解高技能人才的培养难题，实现高技能人才的全员能力提升。

在高技能人才的全员能力提升方面，优秀企业的先进经验和主要做法有：一是加强顶层设计，找准企业能力提升和员工能力提升的关联点，构建全员能力提升模型；二是依托劳模工作室或大师工作室，充分发挥榜样带动作用，充分发挥师徒制的优势；三是搭建"揭榜攻关"平台，在科学研究和生产的实际项目中，通过实战练兵，在事业中成长，促进员工在实干中提升能力。

一、顶层设计，构建全员胜任力素质模型

能力是员工胜任工作的基础，能力提升是人才队伍建设的核心内容。员工能力提升模型是对传统人力资源管理思想与方法的重要补充，对员工思想观念转变、能力素质提高和企业蓬勃发展有重要意义。基于理论基础和实践经验构建员工能力提升模型，企业可以根据员工素质、培训计划、激励措施等，有针对性地为员工提供相应资源和平台，全面提升员工的领导力、执行力和判断力，进而提高员工的综合能力。

在创新性构建全员胜任力素质模型中，国家电网天津分公司从"企业能力—先进个体品质—全员能力"的构建路径的做法具有典型性。国家电网天津分公司聚焦企业能力框架，抓住价值核心，以先进个体内在品质为媒介，对接企业能力与全员能力，找准能力关联点，形成全员能力提升标准。企业能力框架的价值实现层级所展现的央企属性、经营实力、品牌价值，聚焦先进个体则为基于践行社会主义核心价值观的政治品格，延伸至全员能力则为对个人成长和工作方向的把控能力。企业能力框架的价值创造层级所包含的绿色能源、规划发展、生产运行、模式创新、服务品质，可划分为内部运营、客户层面两个维度，聚焦先进个体则为基于扎根岗位实践的敬业精神和高尚情操，延伸至全员能力则为业务能力、服务能力。企业能力

框架所包含的核心技术、数字智能,聚焦先进个体则为基于创新创造的进取意识,拓展至全员能力则为创新能力,如图3-8所示。

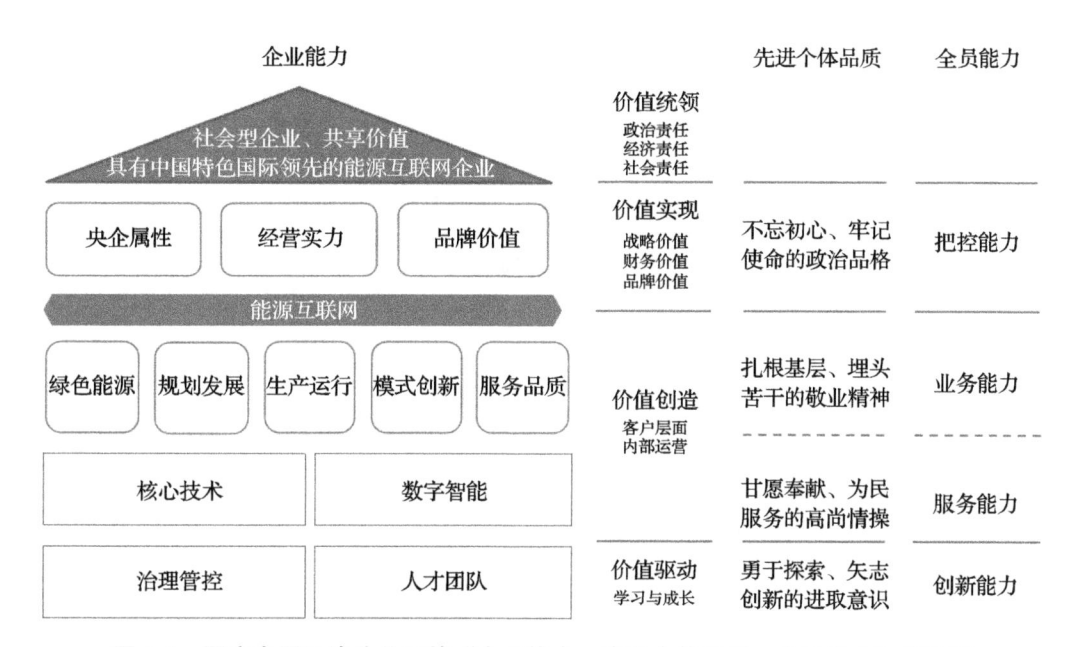

图3-8 国家电网天津分公司的"企业能力—先进个体品质—全员能力"关联图

基于对国际通用管理标准和国际领先电网企业的对标研究,将中国特色社会主义的制度优势与国际领先的管理经验有机结合,构建国际领先省级电网企业能力框架,先进个体成长"动机"的关联性,推演形成员工胜任力模型。模型的关键核心即忠诚、奉献、担当、创新的人格特质,以此四个维度形成辐射,构成难于养成的内在素质,即不忘初心、牢记使命,扎根基层、埋头苦干,甘愿奉献、为民服务,勇于探索、矢志创新;形成易于培养的外在能力,即把控能力、业务能力、服务能力、创新能力,如图3-9所示。同时,将自主对标和企业培养作为全员能力提升的内外部动力,通过先进个体的示范带动,实现从个体先进迈向群体先进,促进全员能力螺旋式提升。

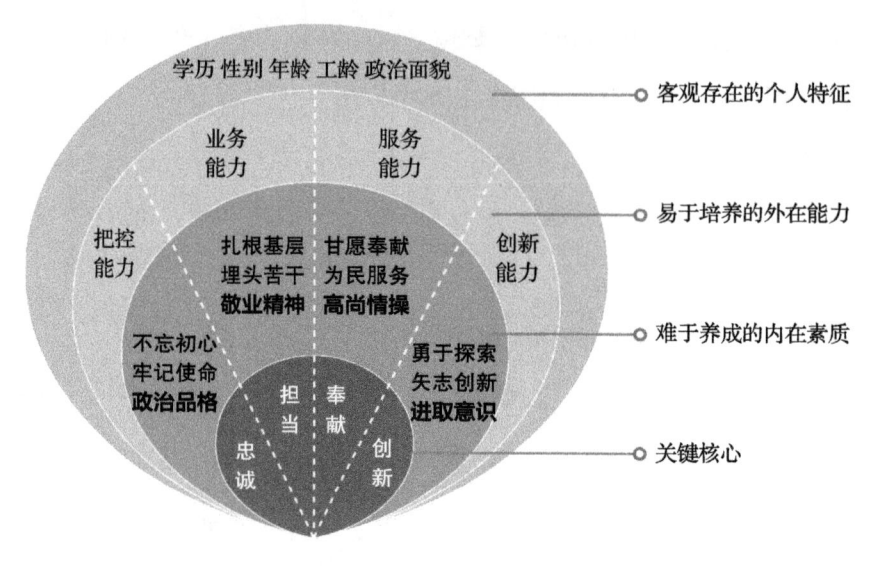

图 3-9　全员能力提升胜任力模型

二、依托劳模，创新"传帮带"培养开发机制

劳动模范是民族的精英，大国工匠是职工队伍中的楷模，必须大力弘扬劳模精神、劳动精神、工匠精神。通过打造劳模工作室、举办劳模讲座等多样化形式宣传劳模事迹，可以鼓舞员工在工作中精益求精、追求卓越，不断向工作楷模看齐。同时，大师带徒的机制，既有助于企业大师的优秀管理和技术经验的传递，也有助于新员工尽快融入工作环境，提升业务技能。依托劳模和大师工作室，建立大师带徒弟的机制，实现精准培养，发挥劳模和大师的示范引领作用，实现全员能力的提升。

深度挖掘各产线、各专业的技能大师，成立技能大师创新工作室，充分发挥技能大师的引领示范作用。唐钢公司技能大师工作室的活动都是在生产一线上完成，实现了基层员工在工作中学习、在学习中工作。其主要有以下八大功能：一是研究创造功能。创新工作室成员结合生产实际，研究并创造新技术、新工艺、新设备、新产品。二是示范带动功能。发挥技术尖子和创新人才的典型示范作用和模范带头作用，以导师带徒、结对子、一帮一等形式，引领越来越多的一线职工提升技术水平，开展创新活动。三是成果转化功能。推广普及先进的创新理念、技术和方法，加快创新成果转化，解决本工种、本岗位的技术难题。四是课题攻关功能。承担公司重点攻关课题的操作实践等基础性工作，围绕产品创效、成本降低、节能减排等内容开展课题攻关活动。五是学习培训功能。围绕技术提升、技术创新定期开展技术培训、专题研究、专项学习等活动。六是技术比武功能。在工作室内部，全员定期开展技术比赛活动。七是研讨交流功能。定期开展技术对标、技术研讨、技术交流活动。八是协同创新功能。以职工创新工作室为平台，各工作室之间加强协作，共同创新。

建立大师带徒机制，实现一对一精准培养。吉林江机特种工业有限公司劳模创新工作室作为传道授业的道场，定期在"宿华龙劳模创新工作室""刘艳姝劳模创新工作室""李志新劳模创新工作室"等创新工作室开展技能培训，把弘扬和传承工匠精神，崇尚和传承劳模技能与创新开展工作结合起来，创建"实效型"劳模创新工作室，形成以培训为工艺技能创新和技能传承为主"开放、包容、共赢"形式的劳模创新工作室。按照"专业对口、双向选择、目标明确、效果落地"原则，充分发挥技能大师、"吉林工匠"、各级各类带头人、高级职称和以上或技能等级中级及以上人员的技能引领作用，开展大师带徒活动。每人培养2～3名徒弟，与徒弟签订培养协议。师傅帮助徒弟规划职业发展路径，确定职业发展目标，对照各级关键技能带头人评选条件，梳理短板，制订切实可行的培养计划，实施精准培养。公司人力资源部门每年对"导师带徒"的培养情况进行考核评定，徒弟在技能提升、创新等方面表现优异且获得子集团以上荣誉的给予导师500～1000元奖励。

三、揭榜攻关，在实干实练中实现能力提升

把人才放到一线实实在在地培养，脚踩泥土、深入基层，在实践中锻炼和积累。

通过建立"揭榜挂帅""赛马"等制度，企业可以识别、吸纳有潜力、有意愿的科技人才，并有效释放其创新活力，从而攻坚科学技术难题，优化创新资源配置，加速创新成果转化。积极搭建揭榜攻关平台，实战练兵，在实战中增加技能。

依托科研生产项目，精心打磨技能人才的"匠心"。吉林江机特种工业有限公司一是依托项目驱动，培养钻研专注精神。围绕影响生产效率和成本的典型工艺技术难题，以及提升公司核心制造能力、提高节能减排能力等方面立项并组织研究，成立工艺科研项目组。在项目组织各环节中，通过高端技术技能人才的示范引领，培养团队成员的钻研和专注精神。二是开展精益改善活动，培养精益精神。在装备生产过程中，坚持问题导向，聚焦效率、质量、成本、工艺等开展精益改善活动，在活动中推行精益精神，使技能人员注重细节、追求完美、精益求精。三是开展技术与工艺协同创新活动，培养创新精神。围绕协同研发、协同工艺、技能创新、技能创效等维度，开展创新活动，建立激励机制，深入挖掘技能人员的创新意识、探索精神，科学构建新思维、新观念，总结、提炼先进的协同创新措施、技能创新创效成果。开展技术攻关活动，培养技能人才拼搏的品格。以问题为导向，开展攻关活动，确定攻关课题，成立攻关团队，确定攻关目标，按照贡献大小对课题组成员予以奖励。

建设揭榜攻关平台，营造主动解决问题的创新氛围。中国联合网络通信集团有限公司在"发现问题就是进步，解决问题就是创新"理念的指导下，建设扁平化的全员可参与的岗位创新平台——"揭榜攻关"信息化平台，营造全体员工立足岗位自发主动地去解决公司发展中的问题的创新氛围，实现难题直接在平台上发布，在全集团范围内征集解决方案，集团公司从顶层给予多层次辅导和支撑，同时强化创新成果的推广和应用，突出对优秀揭榜攻关项目的认可和激励。后期通过制定员工岗位创新管理办法加强制度保证，从而营造员工自发立足岗位解决痛点难点问题，实现员工价值和企业价值共同增长。

强化实战锻炼，加速青年科技人才的成长。中国电科实施青年科技人才"青蓝计划"，采取"联建联培、联研联创"的人才培养模式，注重在重大工程实施中尽早识别和培养优秀青年科技人才。有目的、有意识地大胆选拔德才兼备、专业技术水平突出的青年骨干参加重大工程和重点型号研制，使他们经历完整的研制周期。把关键核心技术攻关作为锤炼青年骨干的"磨刀石"，对于能力和实绩突出、发展潜力大的年轻人，打破学历、年龄、职称、资历等限制性条件，及时把他们推举到型号总指挥、总设计师的岗位，担当重任。通过"基金项目—重点项目—重大项目"递进式培养，鼓励青年科技人才勇挑重担、攻坚克难。搭建协同创新平台，注重复合型人才培养，加强学科交叉创新锻炼。推动大量优秀青年人才集聚，有效促进创新人才成长的集聚效应。推荐优秀青年科技人才加入院士工作室和重点项目团队，跟随行业领军人才学习，加快成长速度。在远程预警相控阵雷达、空警某预警雷达等"大国重器"研发项目中，中国电科培养出一批青年领军人才，他们以国为任、勇挑重担，承担了总师、副总师等重要角色，在系统及装备研制中取得了显著成绩。

第六节

数智赋能：从经验驱动转向数据驱动

数字经济的快速发展促使企业进行数字化转型，人力资源管理作为管理的重要部分，也正经历数字化转型带来的变革，出现数字化人力资源管理。数字化人力资源管理利用数字技术获取、分析和应用一切有价值的数据，构建全新的人力资源管理模式，提高人力资源管理的效率，完善企业的管理模式。

人力资源管理数字化转型以"赋能人才"为最终目标，充分运用大数据、云计算、人工智能等数字化技术，获取、挖掘和应用一切有价值的人才数据，对人才工作战略决策、政策的制定、宣传和执行，以及人才引用育留体制机制等工作职能、方法、手段和流程进行全方位、系统性重塑，是精准高效回应人才需求、促进人才工作决策科学化、助推人才发展治理能力现代化的重要手段。

在数据驱动效能方面，优秀企业的先进经验和主要做法有：一是利用数字化手段，为技能人才等级评价提供数字驱动，实现核心岗位能力评价模型的可视化展示；二是充分挖掘人力资源管理全周期积累的数据，通过历史数据分析、预测数据拟合等，构筑以动态数据分析为基础的数智化平台辅助决策。

一、精准画像，人才评价数字化

数字经济时代推动了企业传统人力资源管理的变革。基于数字化的选、用、育、留开始成为人力资源管理的常态。通过借助信息技术，科学、合理地设置考核指标和权重，进而对员工绩效表现进行画像，可更加客观地了解员工的工作成果和工作态度，从而对员工实施精准评价。数字化评价清晰、直观和系统地展示了员工的长处和短板，有助于员工大力发挥优势和及时解决问题，有效发挥了考核的正向激励作用。兵器工业和国网江苏省电力有限公司（以下简称江苏电力）以关键行为绩效和核心岗位能力评价模型为基础，收集相关数据，实现数据驱动，对每一个领导干部精准画像，开展技能人才全域数字化评价。

以领导人员关键行为绩效模型为抓手，为每一个领导班子、领导人员精准画像。兵器工业以党组管理的领导人员管理实践为基础，结合关键行为指标（KBI）这一人力资源管理工具，针对领导人员管理重职能管理、轻流程打造，各管理环节衔接还不够紧密等问题，以"选拔任用—知事识人—素质培养—正向激励—从严管理"五大体系为主线，形成了领导人员关键行为绩效指标体系并编码，提取领导人员关键行为绩效五大类数据。同时，兵器工业推动从即期管理向即期与中长期相结合转变，从单个职务管理向全职业生涯管理转变。在提取关键行为绩效数据的基础上，构建起包含"管理环节、履职年份、职业生涯"三大维度的关键行为绩效模型。通过该模型，可以获取领导人员近几年在五大体系各环节中的关键行为绩效，还能够获得领导人员在"优秀年轻干部—领导班子副职—领导班子正职"全职业生涯中的一贯表现，其以领导人员关键行为绩效雷达图的形式动态展现出来，实现了对领导人员的精准画像。兵器工业领导人员关键行为绩效模型如图3-10所示。

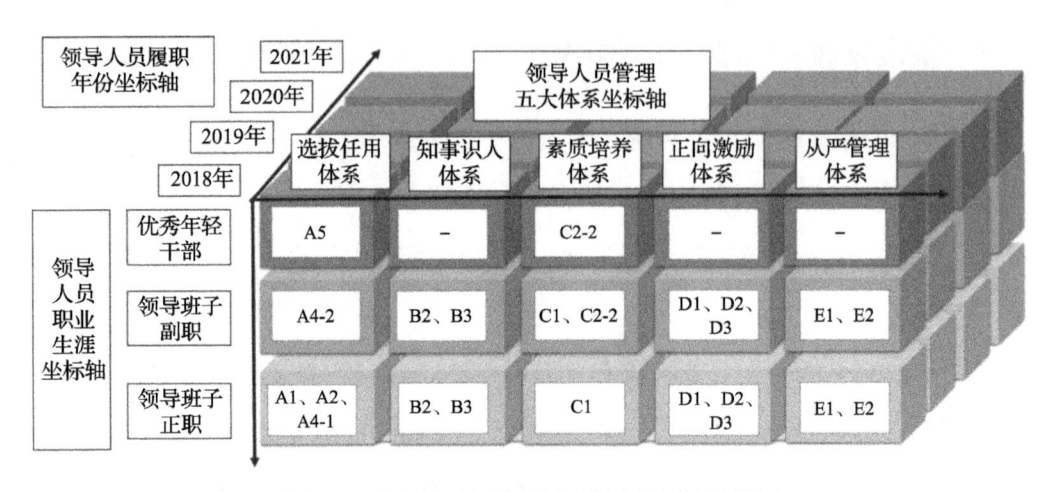

图 3-10　兵器工业领导人员关键行为绩效模型

应用新兴技术，构建核心岗位数字化评价模型，开展技能人才全域数字化评价。江苏电力利用数字化手段，为技能人才等级评价提供数字驱动，实现核心岗位能力评价模型的可视化展示。建立技能等级评价标准，包括技能等级、核心工作及描述、工作任务项、评价点、培训学时、培训方式等相关内容。打造核心岗位数字化评价模型及协同平台，以任务流的形式实现 51 个技能工种核心岗位评价模型的在线协同集中管控；构建双向矩阵式核心岗位评价模型展示平台，实现核心岗位评价模型要素的点阵式覆盖。根据 51 个技能工种岗位核心任务，将各技能工种所有技能工作进行分解提炼，编制各工种、各等级的评价题库，设置初级工、中级工、高级工、技师、高级技师五个等级题库。基于农电技能人员评价考核结果，江苏电力进一步运用人工智能等手段，构建全景数字化技能人员职业发展平台，实现技能等级评价结果的穿透式应用。技能人员职业发展平台通过"可视化"展示所有职业发展路径，帮助和引导技能人员确立职业生涯发展目标；通过"数字化"量化员工工作业绩，通过比学赶超发挥正向激励的引导作用，促进个人业绩的持续增长。同时，采用大数据技术全面量化各级技能人员成长指数，为企业提供技能人员成长宏观分析及决策支撑。

二、数智化平台，实现多场景应用

人力资源管理利用数字化技术进行转型，通过构建数智化平台实现智慧协同和决策。借助数智化平台，企业可通过对大数据的分析发现和挖掘当今运营所需人才，并为日后人才的培养、激励、配置提供合理化决策。在数智化平台的帮助下，企业解决了既往引才困难、培训效果不佳、人员素质与岗位需求不匹配等问题，同时也降低了工作中的沟通成本和信息成本，提高了人力资源管理效率。中电国睿和东风本田积极探索建立人才数据库、工作绩效数据库等，构建可视化人力资源"驾驶舱"和人力资源管理数智化平台，充分挖掘数据价值，基于动态数据进行预测和决策。

构筑数智化招聘决策平台，提高引才管理工作的效率。中电国睿构建目标人才数据库、专业分布数据库、就业偏好数据库，形成外部人才地图；针对招聘全过程重要指标建立了人才专业知识储备数据库、人才专业方向技术掌握和工具应用数据库、人才能力素质和底层性格数据库、引进人才工作绩效数据库，将人才全周期积累的数据互联互通，将内部需求人才画像与外部供给人才画像相结合，将人才引进数据库与人力资源管理信息化平台相融合。充分挖掘招聘全周期积累的数据，通过历史数据分析、预测数据拟合等，构筑了以动态数据分析为基础的数智化招聘决策平台；基于招聘过程的数据积累与外部大数据分析，充分拟合人才引进供求预测数据，利用信息化招聘手段，形成以数据为基础的智慧化招聘决策平台，对招聘时间、招聘学校、宣传手段、招聘形式等内容进行决策。中电国睿将招聘指标分解到内部推荐阶段、暑期调研阶段、秋季招聘阶段、春季招聘补充阶段，实施监控完成情况，通过数据驱动阶段、渠道、形式设计的优化；通过数据回溯与数据拟合，对全年招聘整体复盘，总结过程问题、呈现数据特点、提出优化建议，形成次年招聘决策。中电国睿数据驱动型人才引进平台如图3-11所示。

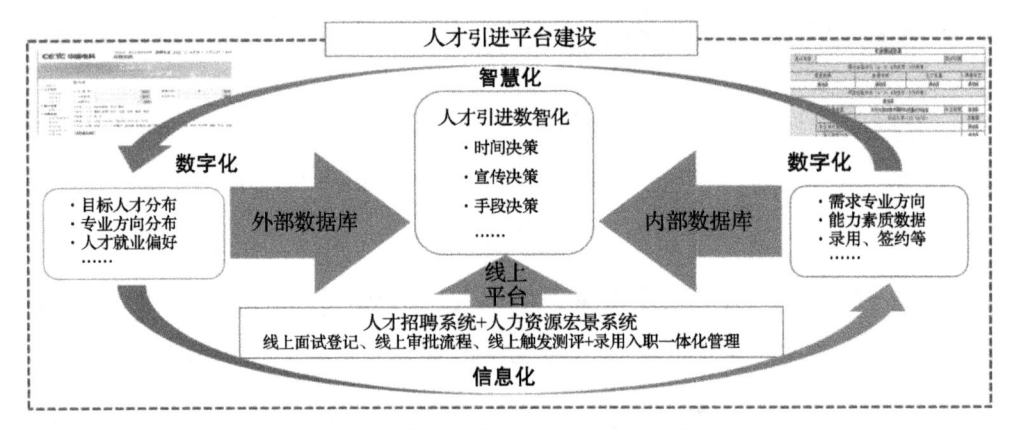

图 3-11　中电国睿数据驱动型人才引进平台

构建人力资源管理驾驶舱，为管理决策提供"一站式"支持。随着大数据、云计算等新技术的发展，数据价值化成为大数据技术体系的核心，基于人力资源系统原始数据，建立高质量数据池。东风本田按照人力资源业务分析思路，建立了人员概况、招聘分析、离职分析等六个模块，实时展现多维度的要员结构、离职同期比较、招聘需求满足等业务图表。二期建立关键指标、加班管控等五个模块，展现 KPI 指标、趋势预测、加班预实等分析图表，构建可视化人力资源"驾驶舱"，为业务决策提供"一站式"支持。

第七节

企业人力资源管理建议

中国要建设成为世界重要人才中心和创新高地，做好中国人才事业"三步走"的顶层设计和战略谋划。企业要跟上国家战略进阶的脚步，积极推动人才引领发展和高质量发展，找准人才工作突破点，聚集人才发展"增长极"，打造人才创新支撑"能量核"。

一、人才引领发展，从战略高度进行人才布局

牢固树立"人才是第一资源"理念，引才、育才并举，通过制定实施科学、有效的人才发展规划，提升人才供给质量和水平，为企业高质量发展提供不竭动力。首先，要解放思想抓人才。基于国家发展战略、外部行业需求和自身条件、资源、禀赋和机会制定人才中长期发展规划，规划的内容要体现工作的重大性、指标性、梯度性。其次，要千方百计聚人才，强化人才建设问题研究和政策供给，加快引进高精尖缺人才、集聚海外高层次人才。以超常规的力度和速度推出人才优惠政策，展现爱才之心、安才之举。最后，要用心、用力激励人才。聚焦薪酬激励激发活力，切实减少对创新主体、创新活动的束缚，深化用人机制改革，更好引才、用才、育才。

二、科学配置人才，在动态管理中提升用人效率

盘活企业内部岗位资源，为员工个人发展创造更加公开透明、公平公正的环境和条件，坚持优者上、庸者让、劣者下，大力推行岗位动态管理。首先，企业要严格执行干部选聘标准和程序，选拔任用忠诚、廉洁、有担当、有作为的干部，建立年度考核与任期考核并行的制度，对考核成绩一般的干部，及时谈话提醒，对考核不合格的干部，按规定罢免解聘，从而加快干部管理能上能下机制的建立和推行；其次，企业要构建更加灵活高效、开放透明的市场化用工机制，采取多样化用工形式，建立轮岗交流工作制度，规定轮岗的对象、范围、时间及组织实施方式，形成轮岗工作评估机制，做好轮岗人员的培养、考核、成长的跟踪管理，不断优化交流轮岗工作流程；最后，企业要完善员工进出制度，在劳动合同中明确员工行为规范、劳动纪律、奖惩条件、不胜任岗位认定标准等内容，对不符合合同续签条件的，严格按照合同约定，依法解除劳动合同，同时在岗位要求中列出岗位职责、考核标准，绩效考核不合格的员工应及时退出岗位。

三、优化薪酬体系，以价值贡献为导向分配收入

坚持价值导向，以在价值创造中的贡献作为依据进行考核和薪酬分配。通过严格考核、加强兑现、差异化分配、长期股权激励构建分配靠业绩、收入靠贡献的薪酬体系。首先，企业要以战略目标为导向，结合员工特点、岗位特征，科学构建岗位绩效考核体系，自上而下逐层落实考核指标和工作任务，重点考核员工价值创造，并根据考核结果，为员工分配薪酬，进而促使员工个人目标与组织战略目标相一致。其次，企业要基于员工贡献价值，合理核定岗位薪酬标准。在根据岗位性质、责任压力、素质要求等因素评估岗位价值的基础上，结合员工的绩效表现、工作成果确定薪酬。同时，加大对核心岗位和骨干人员的倾斜力度，逐步提高其薪酬市场竞争

力。最后，企业要探索建立员工中长期激励机制，如超额利润分享机制、跟投机制等，实施员工持股计划，将股权激励融入绩效管理工作中，在长期考核与短期考核结合的基础上，根据员工为企业创造的价值分配股权，从而调动员工工作积极性。

四、畅通发展通道，突破人才晋升和发展瓶颈

搭建完善且清晰的职业通道，构建规范且科学的晋升机制，切实有效提升员工工作积极性和主观能动性，让员工工作有盼头，职业发展有奔头。首先，企业需建立多序列、多层次的职业发展通道，打通跨序列转任通道，鼓励适度横向职业发展，以最大限度避免"争过独木桥"的困境，实现"人尽其才、才尽其用"，解决后备人才晋升发展的瓶颈，并促进复合型人才的培养；其次，企业要实现横纵贯通，纵向上能上能下，横向上能动态流动，针对员工多元化的发展需求，充分激发员工的工作热情和潜力；最后，企业要立足当下，着眼长远，扩大选人、用人视野，大胆选拔任用敢于负责、勇于担当、善于作为、实绩突出的青年干部，并建立青年干部在任期内的跟踪监督机制和绩效激励机制，以促进青年干部健康成长。

五、完善开发机制，在实干中促进全员能力提升

"喊破嗓子不如甩开膀子"，在继续完善员工培训机制的同时，切实提升员工能力，积极探索员工能力提升的新设计、新路径、新机制，实现员工能力和企业发展双提升。首先，要做好能力提升的顶层设计，实现企业能力提升和全员能力提升的联动，构建能力提升的模型，使得全员能力提升有目标、有依据、有效果；其次，以劳模和技能大师为榜样，把劳模精神转化为培育发展新动力、打造发展新引擎、开辟发展新空间的不竭动力；最后，要积极探索能力提升的新机制，在实战中练兵，在实践中提升，在揭榜攻关和科研生产项目中不断打磨精湛技艺，提升技能本领，

在创新创造中攀登技能高峰。

六、深化数字应用，提升人力资源管理效能

数字化人力资源管理是大势所趋。虽然在人力资源管理创新中，数字化的应用目前还属于局部的探索应用阶段，但是在不久的将来，将很快进入全面应用阶段。首先，企业可以基于大数据、预测算法、数据挖掘和可视化工具的人才分析，通过对员工全面、即时的数据采集和更新，得以掌握员工人格、教育背景等稳定的个体特征，以及资历、个人技能等工作中发生变化的状态特征，甚至个人影响力、员工间互动情况等关系动态，形成个体员工的人才画像和基于组织全局的人才盘点，用以指导团队人员配置、人才发展等人事决策，用于识别和配置员工的培训项目。其次，不断拓展数字化人力资源的应用场景，业务活动与人才价值创造活动的数字化，人才工作场景设计管理与体验数字化，人才配置与协同数字化，人才价值评价与管理数字化，人才发展与组织赋能数字化等，提升人力资源管理的效能。

第四章
中国特色现代企业治理专题报告

第一节　中国特色现代企业治理的产生与发展
第二节　适应国资监管新要求：探索"管资本"的基本模式、关键要素和重点手段，创造国企治理新局面
第三节　从股权治理高度推进混合所有制改革："混""改"结合推进国企治理能力提升
第四节　加强党的领导：以法治化为基础，以精细化为方向实现党建全面融入国有企业治理
第五节　完善企业治理结构：加强董事会建设，落实董事会职权治理提升
第六节　开展授权经营：优化责任管理、强化权责授权服务治理提升
第七节　深化内部市场化改革：以人为本聚焦内部机制改革，强化激励配套各项改革措施，着力解决三项制度问题
第八节　提升市场化经营能力：对标一流面对市场竞争，创新发展聚焦高端价值环节
第九节　中国特色现代企业治理建议

中国特色现代企业制度和国有企业治理两者紧密联系，相辅相成。中国特色现代企业制度是"企业之良法"，是开展现代企业治理的导引，不断优化企业治理结构、提升企业治理能力，才能充分发挥中国特色现代企业制度的效能，进而彰显中国特色现代企业制度的优越性。

治理体系和企业制度一直以来的发展路径相对独立又相互关联，有着各自的历史背景。直到党的十八大后，才在深化国有企业改革的体系中得到全面整合，进入了融合发展的新阶段。在这一新阶段中，除了持续深化和优化现代化企业治理机制之外，还进一步吸收和发扬了以党的建设为核心的"中国特色"要素，通过党的领导融入公司治理的诸多举措，最终构成了中国特色现代国有企业制度的坚强实现基础和生动发展局面。

中国特色现代企业制度下的国有企业治理体系已基本形成了现代企业治理中"产权关系""法人组织""经营管理"的三大关键要素。在此基础上，只有持续发扬优势，补强短板，并坚定不移地加强党对国有企业的领导，在现有基础上结合国企治理实践创新党建融入治理的机制，最终全面实现现代化的国企治理体系和治理能力。

第一节 中国特色现代企业治理的产生与发展

一、中国特色现代企业治理是党的领导和现代企业的融合

2019年10月，党的十九届四中全会站在新的历史和现实起点，明确提出要深化国有企业改革，完善中国特色现代企业制度。为新时代坚持和完善中国特色社会主义制度、推进国家治理体系和治理能力现代化做出战略部署，提出明确任务要求，对深化国有企业改革、推进国有企业治理体系和治理能力建设做出战略安排，也标志着"中国特色现代企业制度"这一概念第一次规范提出。中国特色现代国有企业制度强调坚持党对国有企业的领导是重大政治原则，必须一以贯之；建立现代企业制度是国有企业改革的方向，也必须一以贯之。

建设中国特色现代企业制度，就是要以现代企业制度为基础，以党的领导和中国特色为核心，形成一套真正可以服务于中国国企核心竞争力提升、服务于国企高质量发展、服务于国资保值增值的企业治理制度体系，其中蕴含着相互协同融合且辩证统一的两方面理论与实践内容。一是现代企业制度，就是要以《中华人民共和国公司法》（以下简称《公司法》）为基础，借鉴国际上成熟先进的现代企业制度的一般准则和规范，同时吸取新形势、新时代下优秀公司的治理和经营管理实践，根据自身经济、文化等特点，把现代企业制度的一般原理与我国企业的具体实际相结合，

探索一个具有自身特色的现代企业制度模式。二是中国特色，就是要持续深入贯彻中国特色的要求，抓住党的领导与公司治理相结合这个最鲜明的特征，通过有效的制度建设把党的领导融入公司治理各环节，使党的领导与公司治理高度统一、有机融合，实现中国特色的企业制度安排，做好对现代企业制度的重大创新。从图4-1中不难看出，现代企业制度针对的是国有企业"企业"的部分，体现了建立现代企业制度是国有企业改革的方向，而中国特色则强调的是国有企业"国有"的部分，强调的是坚持党对国有企业的领导是重大政治原则，二者在"两个一以贯之"之上实现了辩证统一，为全面深化国有企业改革、推进国资国企治理体系和治理能力现代化提供了根本遵循。

图 4-1 "两个一以贯之"与中国特色现代企业制度的关系

二、中国特色现代企业治理正在走向治理法治化的前沿

我国现代企业治理的开端，是《公司法》的颁布。通过法律形势确立了公司制的法人制度，并历经长期法治化进程，形成了现在企业治理的基础格局。目前，随着中国特色的融入，如何将"特色"融入法治化框架，坚定不移地走依法治企道路，

是企业治理提升的前沿工作。

十三届全国人大常委会第三十二次会议审议了《中华人民共和国公司法（修订草案）》（以下简称草案或《公司法（修订草案）》）。草案吸收了党的十八大以来中央和国家关于完善中国特色现代企业制度的大量政策、国企改革实践、司法解释和裁判规则，对中国特色现代企业制度进行了法定化完善。首先，草案完成了从国有企业到国家出资企业的变化，这不仅仅是名称上的变化，背后真正反映的是出资人角色从"出资、管控"向"出资、授权、享受收益"的转变。国家出资公司，由国务院或者地方人民政府分别代表国家依法履行出资人职责，享有出资人权益。国务院或地方人民政府可以授权国有资产监督管理机构或者其他部门、机构代表本级人民政府对国家出资公司履行出资人职责。其次，草案指出，"设立有限责任公司，应当由股东共同制定公司章程"，也就是强调公司是从股东和章程发起的，章程成为公司一切治理工作的基础，章程不再是一份简单的制度文件，而是企业治理工作的出发点。

草案还有一个关键点是将党对国有企业的领导正式法定化。草案规定："国家出资公司中中国共产党的组织，按照中国共产党章程的规定发挥领导作用，研究讨论公司重大经营管理事项，支持公司的组织机构依法行使职权"。同时，草案继续坚持现行公司法关于在公司中根据党章规定设立党的组织，开展党的活动，公司应当为党组织的活动提供必要条件等规定。此次公司法的修订，是贯彻落实党中央关于深化国有企业改革决策部署，是巩固深化国有企业治理改革成果，完善中国特色现代企业制度，促进国有经济高质量发展的必然要求，是中国特色现代企业治理正在走向治理法治化的关键里程碑。

三、中国特色现代企业治理是股权治理、法人治理和经营管理的统一

2013年，中国共产党十八届中央委员会第三次全体会议通过了《中共中央关于全面深化改革若干重大问题的决定》，明确提出了完善国有资产管理体制，推动国有企业完善现代企业制度。2016年，全国国有企业党的建设工作会议提出"两个一以贯之"的重要要求，还强调了中国特色现代国有企业制度，"特"就特在把党的领导融入公司治理各环节，把企业党组织内嵌到公司治理结构之中，明确和落实党组织在公司法人治理结构中的法定地位，做到组织落实、干部到位、职责明确、监督严格。在2017年出台的《国务院办公厅关于进一步完善国有企业法人治理结构的指导意见》中，提出了要建立健全产权清晰、权责明确、政企分开、管理科学的现代企业制度；健全各司其职、各负其责、协调运转、有效制衡的国有企业法人治理结构。在这个阶段中国特色现代企业制度被正式提出，国有企业治理的三大支柱产权制度、企业组织、经营管理制度完成了中国特色现代企业制度的整体融合，如图4-2所示。

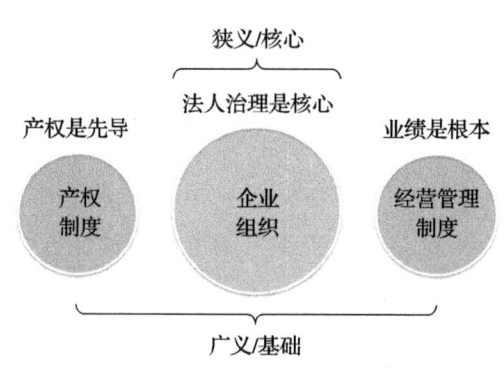

图 4-2 国有企业治理的三大支柱

在股权治理方面，非国有资本参与国有企业治理的程度不断加深，领域逐步扩大，方式更加创新，国有资本入股非国有企业的方式更加多样化，同时，混合所有制企业员工持股也在有序推进。以管资本为主的国有资产监管体制不断完善，国有

资产实现集中统一监管的工作稳步推进。在法人治理方面，党组织在公司法人治理结构中的法定地位逐步落实，通过党建进章程、"双向进入、交叉任职"等措施，党组织的政治优势向管理优势转化，对国有企业的影响力逐步扩大；董事会建设开始从应建尽建逐步过渡到配齐配强，董事会的专业程度和工作效率逐步提升。激活经理层活力成为完善治理结构的重点之一，经理层逐步实行任期制和契约化管理，在此基础上，根据企业产权结构、市场化程度等不同情况，有序推进职业经理人制度建设，逐步扩大职业经理人队伍，中长期激励机制不断完善。在经营管理方面，三项制度改革不断深化，健全管理人员能上能下、职工能进能出、薪酬能增能减的机制；建立市场化经营机制，实现内部治理机制现代化，推动国有企业公平参与市场竞争，打造核心竞争力。

纵观整个历史进程，国企治理从无到有，先从企业治理大框架下"经营管理"的狭义视角出发，强调市场化经营，并在后续的改革阶段里面分步聚焦，补充完善了产权关系股权治理、公司制度和法人治理的要素，逐渐形成了完整的三支柱的现代治理体系。考察这些历史阶段，有助于我们建立对国企现有治理工作的各项基础的清晰认知，从而更好地探索未来潜在的发展方向。随着改革的逐步深化，国企治理优化工作也逐渐从政策与实践层面上的扎根筑基，进入了中国特色现代企业制度下的前沿探索，呈现出了一些新的发展趋势。在宏观上，整体表现为党建融入治理，党建经营融合工作的进一步完善；国企重组与混改带来的产权（股权）治理革新；激发微观主体活力配套的公司治理模式变革；加大集团化治理管控过程中的授权放权力度等全新的治理创新课题亟待探索突破。在中观和微观上，则体现为在原有的现代企业治理主体之上，包括党组织、职代会、监事会等更多元的治理主体（见图4-3），要逐渐以法制化、规范化的姿态，融入公司制度体系，参与公司治理，实现治理主体间的有效制衡和协同运行，促进国有企业治理的进一步优化提升。

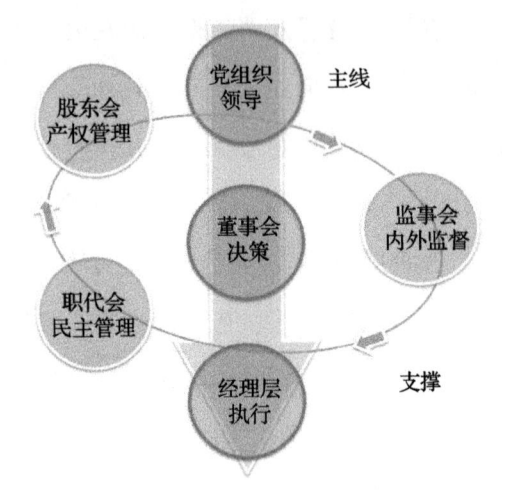

党组织——领导核心
把方向、管大局、促落实
董事会——决策轴心
定战略、作决策、防风险
经理层——执行中心
谋经营、抓落实、强管理

股东会——股权事项讨论和审议机构
监事会——业务活动监督和检查机构
职代会——职工开展民主管理机构

图 4-3　六大治理主体

第二节

适应国资监管新要求：探索"管资本"的基本模式、关键要素和重点手段，创造国企治理新局面

一、适应"管资本"体制，从"管个体"转向"管全局"

在"管资本"的国有资产监管体制下，逐步实现从"管个体"向"管全局"的转变，具体体现在监管理念、监管重点、监管方式、监管导向四个方面。监管理念从对企业的直接管理转向更加强调基于出资关系的监管。国有企业进一步厘清职责边界，国有资本投资、运营公司和其他直接监管的企业履行出资人职责，将应由企业自主经营决策的事项归位于企业，将延伸到子企业的管理事项原则上归位于一级企业，确保该事项的科学管理、决不缺位，不该管的依法放权、决不越位。监管重点从关注企业个体发展转向更加注重国有资本整体功能。立足国资监管工作全局，着眼于国有资本整体功能和效率，加强系统谋划、整体调控，在更大范围、更深层次、更广领域统筹配置国有资本，持续优化布局结构，促进国有资本合理流动、保值增值，推动国有经济不断发展壮大，更好服务国家战略目标。监管方式从习惯行政化管理转向更多运用市场化、法治化措施。坚持权由法定、权依法使，严格依据法律法规规定的权限和程序行权履职。改变重审批、轻监督等带有行政化色彩的履职方式，更加注重以产权为基础、以资本为纽带，依靠公司章程，通过法人治理结构履行出资人职责，将监管要求转化为股东意志。监管导向从关注规模速

度转向更加注重提升质量效益。坚持质量第一、效益优先，按照高质量发展的要求，完善考核规则，更好引导企业加快转变发展方式，推动国有企业质量变革、效率变革、动力变革，不断增强国有经济竞争力、创新力、控制力、影响力、抗风险能力。

在明确管资本的内涵的基础上，同步调整优化监管方式，实现监管职能与方式相互融合、相互促进，增强向管资本转变的系统性和有效性。优化管资本的方式手段不断丰富：实行清单管理，建立完善权力和责任清单，落实以管资本为主的要求，明确履职重点，厘清职责边界，根据职能转变进展情况，对清单实施动态调整，规范权责事项履职内容和方式；依法制定或参与制订公司章程，推动各治理主体严格依照公司章程行权履职，充分发挥公司章程在公司治理中的基础作用；加大授权放权力度，结合企业功能界定与分类、治理能力、管理水平等改革发展实际，根据国有资本投资、运营公司和其他直接监管企业的不同特点，有针对性地开展授权放权，充分激发微观主体活力，定期评估授权放权事项的执行情况和实施效果，建立动态调整机制；切实减少审批事项，打造事前制度规范、事中跟踪监控、事后监督问责的完整工作链条，推进信息化与监管业务深度融合，统一信息工作平台，实现实时在线动态监管，提高监管的针对性和有效性，加大对国有资产监管制度执行情况的监督检查力度，不断健全监督制度，创新监督手段，严格责任追究。

广东恒健投资控股有限公司（以下简称恒健控股公司）是广东省省级国有资本运营公司。"十三五"以来，恒健控股公司作为广东省"两类公司"，充分发挥省级国有资本运营公司作用，以"服务国家战略，赋能产业升级"为使命，立足承接的股权"基石"资产，把资产禀赋优势转化为发展优势，培育资本运营核心竞争力，在过往资产管理实践基础上，探索出一套符合恒健控股公司实际并具有国有资本运营公司特点的 TASK［总体目标（Target）、层面定位（Aspects）、实施路径（Steps）、管理重点（Keys）］股权管理体系，如图 4-4 所示。

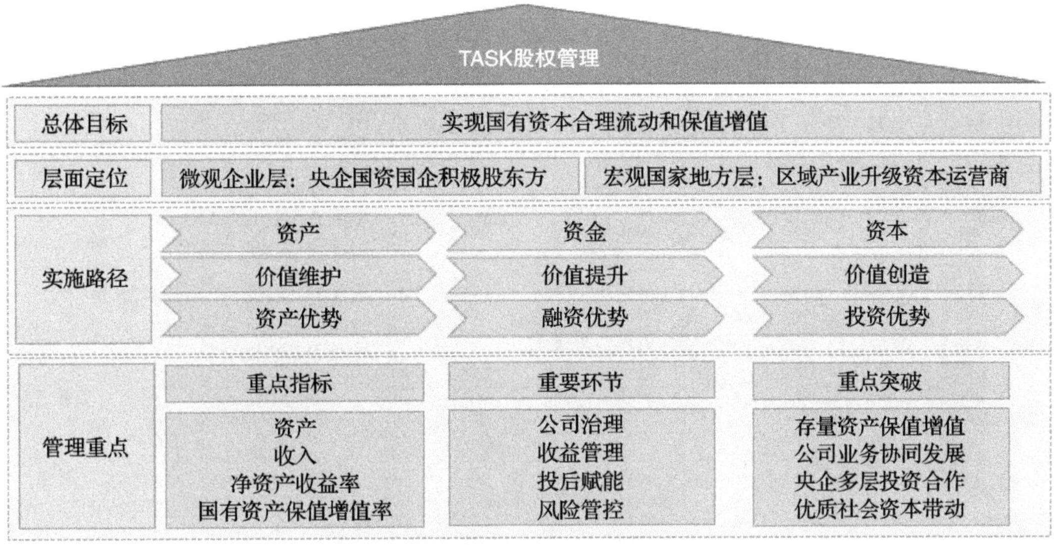

图 4-4　TASK 股权管理体系

围绕央企股权管理任务（如 TASK 股权管理体系）进行解码，构建从资产划入、"三资"转化、资本配置的全流程运作机制，重点对存量资产、资金、增量资本"三资"转化实施路径，从管理理念、管理目标、管理举措三个层面进一步细化，构建"3×3"股权管理矩阵，推动股权管理升级，如图 4-5 所示。

恒健控股公司围绕 TASK 股权管理体系，搭建了精益管理股权体系（见图 4-6）、创新驱动融资体系和战略引领投资体系三大体系，充分发挥所持有的中央企业股权资产优势，聚焦国有资本运营公司的试点目标和功能定位，把握以管资本为主的改革要求，逐渐累积形成一套行之有效的股权管理经验做法，公司经营业绩稳步提升，在推动区域企业改革和产业升级、服务粤港澳大湾区、深化供给侧结构性改革等关键领域和重点项目中取得了积极成效。

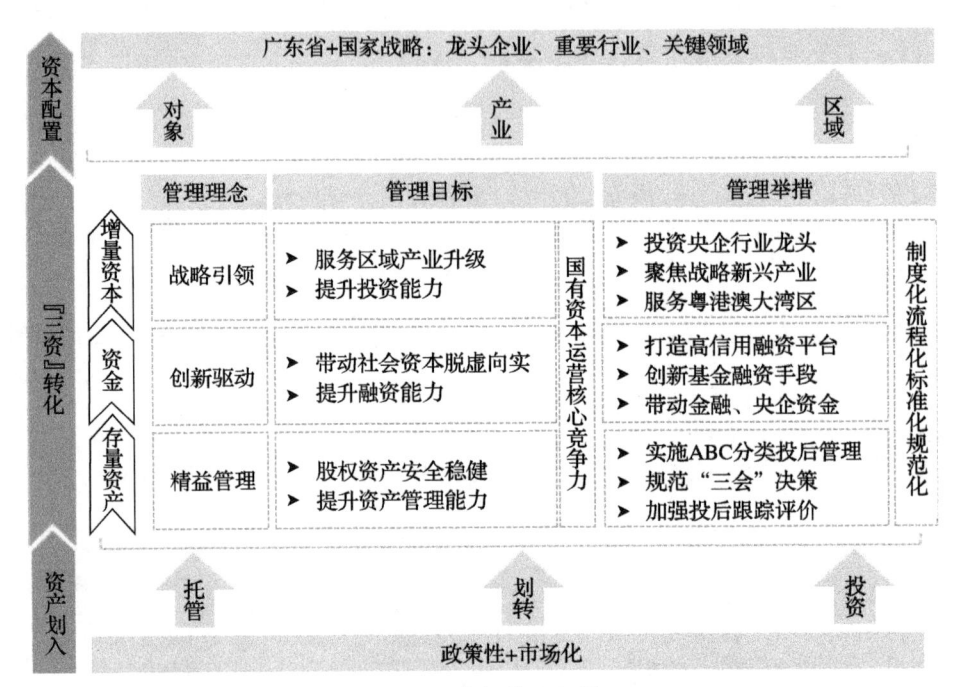

图 4-5 股权管理矩阵

图 4-6 精益管理股权体系

二、以管资本为枢纽和轴心，再造经营性业务体系

突破性完成"国有企业战略性重组和专业化整合"是"管资本"职能转变的重要奠基石，是发挥国有资本功能性、提升国有资本效益的关键前提，应避免"蜻蜓点水""表面功夫"，需要"动真格"取得突破性进展。最新的政府工作报告新增加了"提升产业链供应链支撑和带动能力"这一提法，这意味着，政府及国务院国资委需创新监管机制，鼓励国资国企不仅要聚焦主责主业，还要在主责主业领域"补链强链""做优做强"，投入更多资源建设创新体系，加快攻关关键"卡脖子"技术。

提升固链、补链、强链、塑链能力成为再造经营性业务体系的关键。国有企业以服务国家战略、推动高质量发展为主线，统筹发展和安全，着力推动企业提升基础固链、技术补链、融合强链、优化塑链能力，不断增强产业链供应链韧性和竞争力，在现代产业体系构建中更好发挥支撑引领作用。产业链的高效协同，主要从"补链、强链、延链"三方面入手：在补链方面，让产业正常"转"起来。针对产业链暴露出的一些缺位、短板问题，中央企业梳理存在困难、精准施策，着力打通产业链堵点、畅通痛点、补上断点。在强链方面，协同合作与重点工程并行。把产业链做大做强，企业深化开展上下游、企业间、企地间等合作，打造形成产业聚合优势，同时积极协调推进投资规模大、辐射范围广、带动作用强的重大工程、重点项目建设，促进全产业链顺畅运转。在延链方面，技术创新推动产业升级。借力新基建，企业以技术创新引领产业延伸、转型、升级，努力做好新基建产业链的投资者、研发者和建设者，不断优化产业链结构、提升产业链价值，继而形成增长新动力，推动实现高质量快速发展。

例如，深圳市国资委积极构建"科技园区＋科技金融＋人才服务＋场景应用＋

平台支撑"全要素创新综合生态服务体系。同时，实施"国资基金群"战略，依托市属四家国有资本投资、运营公司，打造天使投资、创投、并购重组等全生命周期基金运作服务，撬动并引导社会资本聚焦高新技术产业创新发展领域。

再如，华润（集团）有限公司（以下简称华润集团）推进国有资本布局优化和结构调整。一是大力发展科技创新。集团加强对科技人才和研发投入的统筹管理，立足长远培育创新的环境和基因。华润集团2021年1—6月研发费用累计投入约18亿元，同比增长36%。截至2021年6月，华润集团14家利润中心成立了创委会，5家成立了科学技术协会，13家建设了研发平台，1家设有院士工作站，7家设有博士后工作站并成立了6个联合实验室。二是重组华创业务孵化功能。华润集团推动下属企业华润创业有限公司（以下简称华创）的业务重组工作，恢复其业务拓展和孵化功能，专注华创创新孵化业务，发挥华创在过往"两次再造华润"过程中起到的"业务孵化器"作用。三是推动"两非"企业处置工作。集团共27家"两非"企业，截至2021年6月，已完成17户处置工作，完成率约63%。四是加强处僵治困和重点亏损子企业治理。截至2021年6月，华润集团93户重点亏损子企业整体盈利30亿元，相较2018年同期减亏增利41.2亿元，整体完成情况较好。

中国船舶集团有限公司（以下简称中国船舶集团）在军工行业内首次以资本运作为牵引，以市场化机制为手段，塑造"厂所整合"产研一体体系能力，实现厂所有机融合，开辟军工事业资产证券化新路径，打造专业化资本运作产业平台，构建"集团公司—科研院所—上市公司—生产企业"的"管资本"链条，形成以中国船舶集团高质量发展战略纲要为引领，引导链条各环节主体聚焦国有资本布局方向，专注引领行业发展的逐级传导的资本纽带和管控模式，切实提升保军能力及助力军工主业高质量发展。基于厂所整合的资产重组如图4-7所示。

第四章 中国特色现代企业治理专题报告

A 确立以服务产业发展为使命的资本运作战略蓝图 — 做好顶层规划，明确资本运作根本任务加强组织领导，统筹协调推进

B 借壳上市，取得军工资产资本运作平台控股权分板块、分批次运作，充分体现资产合理估值 — 分板块、分批次运作，打造专业化资本运作平台

C 以市场化手段，推进厂所资产整合 — 明确保军强军的科研院所资产整合思路基于市场化机制运作的资产整合

D 按照一体两翼产业布局实施资产证券化明确交易路径，扫清政策制度障碍打通市场融资渠道，彻底破解军工能力建设资金瓶颈 — 以资本运作为牵引，驱动厂所整合产业布局落地

E 建立以管资本为主的一体化集团管控模式 — 通过一系列的资本运作，构建"集团公司—科研院所—上市公司—生产企业"的管资本链条

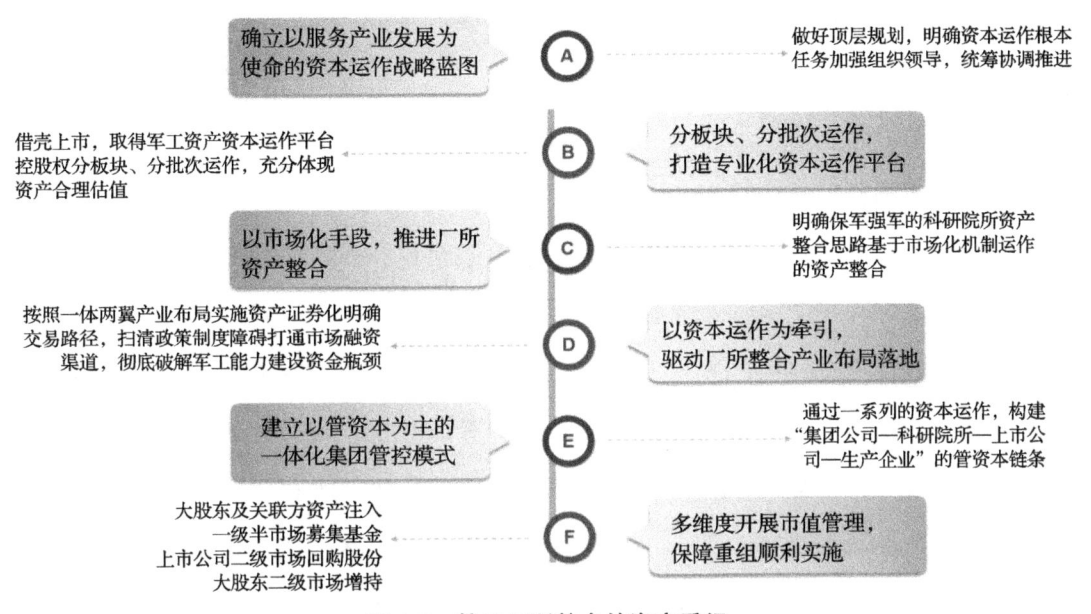

F 大股东及关联方资产注入一级半市场募集基金上市公司二级市场回购股份大股东二级市场增持 — 多维度开展市值管理，保障重组顺利实施

图 4-7 基于厂所整合的资产重组

三、以微观主体股权治理为基础，打造治理管控核心能力

"管资本"并不意味着只管好企业的"股权"，不必再关注企业的资产和企业具体事务，而是要站在股东视角上，用新的方法去管人、管事、管资产。具体来说，首先是要抓住建立现代企业制度这个核心，对符合市场经济价值规律的现代公司治理机制、科学管理方式兼容并取，建立国资出资人股东方"抓股东权限、抓股权回报，放战略权限、放经营事项"的有关机制以激发微观主体活力。其次是要以出资为基础和限度，通过法人治理结构来行权履职，一级对一级，不能越权行使属于企业董事会的职权，或者行使属于企业集团对所属企业进行管理决策的职权。

此外，还要平衡好国资监管和授权放权的关系，建立对关键环节的管控机制和监督手段，以确保战略航道不偏移，确保国资保值增值。通过股权布局战略，聚焦

主责主业，发挥协同效应，建立监督机制。要集聚优势力量强化主业发展，加快剥离非主业、非优势业务。战略定位是国有企业实现可持续发展的目标方向，是企业转型发展、高质量发展的必然要求。国有企业要结合自身战略发展需要，从延伸产业链、服务链和价值链角度出发，从提高抗风险能力出发，充分发挥投资产业围绕主业，投资收益服务主业的积极作用，形成控股企业和参股企业共促共进，协同互动的良好局面。除了要关注投资回报之外，国有企业在投资决策时站位应更高，眼光应更具前瞻性。进行股权投资布局时，在关注财务收益指标的基础上，要将股权投资项目的战略协同效益作为重要指标，综合考虑股权投资对企业科技研发、供销关系和人才培养等方面的积极作用。随着参股企业数量的增加，需要国有企业成立专门的部门负责股权管理工作，对选派经理层人员要严格把关，定期搜集汇总参股企业安全环保、生产技术和财务经营等方面指标，并建立与历史同期、与同行业先进的对标体系，及时发现异常；将股权管理纳入内控体系，充分发挥内部控制规范管理、管控风险的作用，建立健全股权投资后评价制度，必要时借助外部中介机构力量，对股权投资项目的运行效果开展客观全面评价，按照投资管理办法相关规定进行严肃问责。

以中国宝武钢铁集团有限公司（以下简称宝武钢铁）为例，在建立现代企业治理制度前，集团对下的管控模式就是管决策、管运营、管生产、管销售、管人员，简而言之"什么都管"。宝武钢铁直属部门在开展管理时，会先让所属单位上报生产技术经济指标，通过看指标判断哪些地方偏低，再派人到现场去观察问题所在，提出改进方案，让所属单位执行并进行考核。但随着国企深改的持续推进，宝武钢铁重新打造了集团总部的管控模式，以管市值、管现金、管利润为核心，将生产经营等专业工作交由职业经理人，实现其对所属各单位层面的管理，实现了专业的人管专业的事。经历上述阶段，实施以打造"管资本"机制为核心的改革，宝武钢铁形成四大独立产业板块，下辖多家法人公司，从宏观层面上有效进行规划、协调和提供发展需要的支持，从而打通国资"管资本"机制的管控道路，加强国资在关键领域的控制力的同时，激发了微观主体的活力。此外，总部直属部门仅保留了公共职能和辅助支撑部门，与各子公司形成了服务关系，而非管理关系。而对创新、能源与环境这两个热点领域的关键部门，由于依然需要集团进行大力投入，所以在总部进行了保留，但未来预期还是会将研发和运营的职能逐步转移和孵化，集团只保留创新管理和能源与环境监察的职能。

第三节

从股权治理高度推进混合所有制改革："混""改"结合推进国企治理能力提升

一、坚持以"混"促"改"顶层思路，以治理能力提升为核心推进内部机制改革

自 2016 年启，国家发展改革委、国务院国资委牵头开展国企混改试点，直到 2021 年 10 月，先后推出了 4 批共 208 家试点企业，其中近 100 家试点企业完成了"混"的主体任务。上述试点企业虽以"混"促"改"，使国有企业在治理改革中取得了较大进步，但仍需进一步明晰混改国企治理结构的权责界限，促使党委、董事会、监事会与经理层有效运作，发挥其治理作用。此外，在以"混"促"改"的过程中，在治理机制改革层面也呈现出一些新的重点趋势。一是放权，在国务院国资委授权调整机制加大力度情况下，期待国企集团内部分级授权的力度加码，进而为更高效推动"混改"奠定好的决策环境。二是放开，目前试点政策可以适用所有混改国企，国企混改将不仅限于试点单位，同时还匹配了容错机制导向可以有效降低改革风险。三是放大，目前国务院国资委已经明确了向石油、天然气、电力、军工等重点领域推动混改的方向，涉及混改的国企范围进一步扩大，并放宽了对一级国企集团混改的限制，混改层次将逐步试点向一级国企集团层面延伸。四是放多，为增强对外部投资者吸引力，国企混改项目可以选择更多股权比例的释放，同步也为

"混"完成之后的"改"奠定好的基础。

以"双百行动"首单主板上市企业中国黄金集团黄金珠宝股份有限公司（以下简称中国黄金）为例，可以看到所有制的"混"对治理机制的"改"的推动和促进作用。中国黄金在混改伊始就制定了"引资本＋转机制＋IPO（首次公开募股）"的混改三部曲战略。在混改过程中，中国黄金引入8家外部投资者，其中7家战略投资者，1家产业投资者，加上之前的股东，混改后企业股东有17家，力求通过股权结构多元化，推进治理结构制衡化和内部机制市场化。建立在混改之后多元股东的治理管控需要的基础上，中国黄金创新引入了"共同治理人"模式，在"产业+金融"战略导向下将中信证券和京东视为共同治理人，借助中信证券能够为中国黄金带来资本助力，京东在新零售、物流、云计算、大数据等方面能够提供协同帮助，将投资者纳入企业管理的"圆桌"，构建了多方股东参与并实施共治共建的全新治理机制，并最终实现了IPO目标。

2017年，重庆钢铁股份有限公司（以下简称重庆钢铁）司法重整后由国有控股变为混合所有制企业，第一大股东为重庆长寿钢铁有限公司（以下简称长寿钢铁），持股比例为23.51%。长寿钢铁的股东为中国宝武、四川德胜集团钒钛有限公司（以下简称四川德胜，属民营企业）及重庆战略性新兴产业股权投资基金合伙企业。中国宝武为重庆钢铁的实际控制人。重庆钢铁依托中国宝武的全面支撑，生产经营步入良性循环，产销规模倍增，连续3年实现较好盈利水平，企业形象全面恢复，竞争能力明显增强。

混合所有制下的重庆钢铁，拥有专业互补且实力雄厚的股东——中国宝武，其在人才、技术、生产及运营管理经验方面拥有钢铁行业内顶尖的资源，深入参与投后管理，使重庆钢铁综合竞争实力全面提升。为充分体现重庆钢铁董事的席位与股权比例相匹配，重整后重庆钢铁改组了董事会。重庆钢铁董事会由9名成员构成，其中4名成员来自中国宝武，2名成员来自四川德胜，另外还有3名独立非执行董事。董事长和副董事长分别由中国宝武方代表和四川德胜方代表担任。经营管理层中3名来自中国宝武，1名来自四川德胜，1名来自重庆钢铁。经理层在钢铁行业、管理层面、技术层面均有较为资深的经验，能够肩负起带领重庆钢铁完善公司治理、管理生产经营工作的重任。监事会由5名成员构成，其中2名监事来自中国宝武，1名监事来自四川德胜并担任监事会主席，另外还有2名职工监事，监事会成员由具有会计、法律等专业知识和具有丰富管理经验的人士组成。监事会深入基层开展专项调研，对公司重大决策程序、财务管理情况、重要经营活动、董事及高级管理人员履职情况等方面进行监督和审查，旨在积极有效防范公司经营风险，提升监督实效，促进公司规范运作。重庆钢铁通过调整公司治理结构，明确董事会、监事会、经营层的职责权限，充分赋予了经营团队权力，强化激励机制，真正形成了决策、执行、监督分工明确，又相互制衡的公司法人治理架构。重庆钢铁治理架构如图4-8所示。

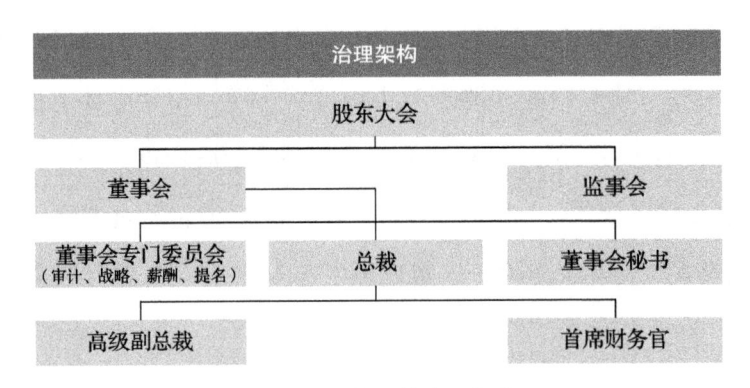

图 4-8 重庆钢铁治理架构

重庆钢铁按照责任单一、权责分明、界面清晰、精简高效和集中一贯的管理原则，实施"大厂制、大部制"和"厂管作业区"的扁平化管理的组织机构改革。组织机构优化后,重庆钢铁厂部级单位由 2020 年年初的 20 个调整为目前 15 个(不含全资收购子公司),减少 25%;三级机构由 93 个精简至 69 个,减少约 25.81%。在生产单元推行厂直管作业区,取消了高炉、焦化、烧 3 个分厂和炼钢等 7 个车间,助推效率提升。重庆钢铁组织架构如图 4-9 所示。

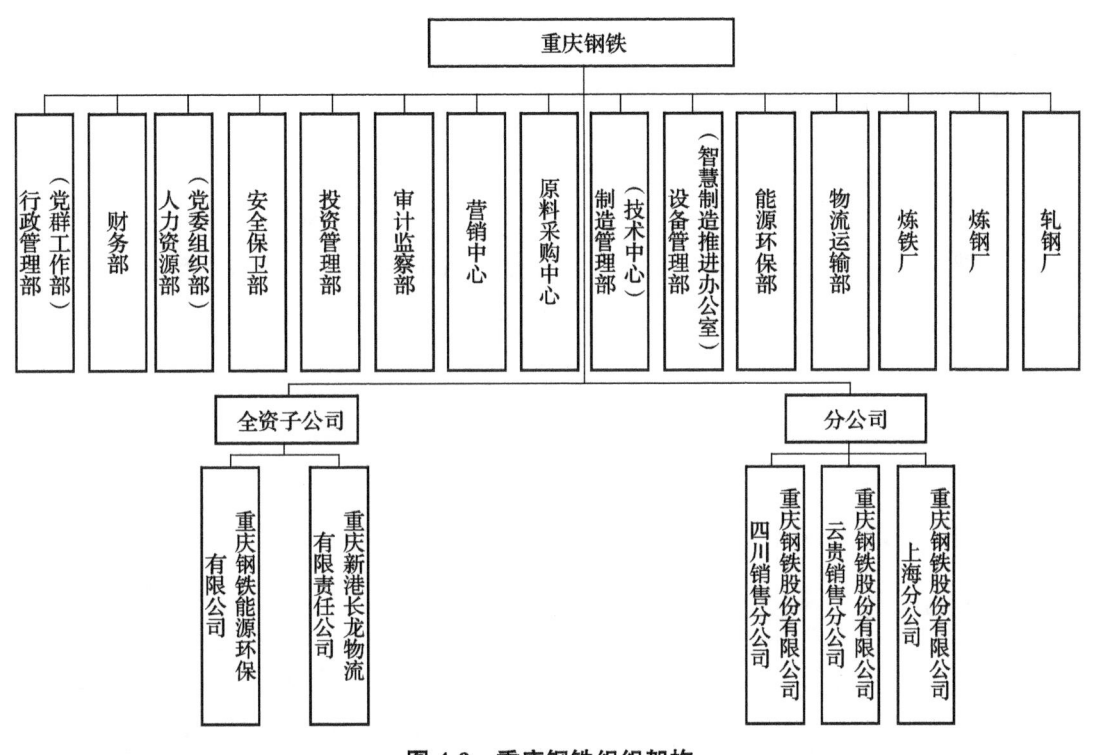

图 4-9 重庆钢铁组织架构

为了改变过去层层审批、各不担责的管理流程,重庆钢铁按照责任明确、流程精简、科学高效、管控有度的原则,实行分级归口管理、授权与集权的审批模式。对金额重大、重要性高、技术性强、影响范围广的业务和事项,由总裁办公会实行集中决策审批;其他业务和事项,实行分级授权审批,并明确公司及厂部级负责人、业务部门及责任人的审批权限。审批流程全部通过信息化系统完成,如采购类业务全部在采购供应链系统中审批,财务类业务全部在标准财务系统中审批,公文类等

61个流程全部在协同办公系统中审批。重庆钢铁按照调整后的管理职责和流程，不断优化完善制度体系。通过对全部管理制度的系统梳理和有效性评估，分层、分类搭建了5个大类、31个中类、96个小类构成的重庆钢铁制度体系，形成592个有效管理文件，修订文件191个，新建文件341个，废止文件251个。各项管理制度及执行情况经内外部审计，无重大、重要缺陷，制度全面有效、管理受控。

"竞争在市场，竞争力在现场"。为了加强基层基础管理、快速提升现场管理能力，重庆钢铁大力推进标准化作业和作业长制等措施。混合所有制建立后，重庆钢铁大力推进各项改革，重构体系，提升能力。重庆钢铁在人力资源体系、内部控制体系、成本管理体系、设备管理体系、制造能力体系、营销体系及现场管理体系等方面全面改善，建立起科学、精简、高效的集中一贯管理模式，实现了管理效率和能力全面提升。

二、把握以"改"促"混"创新趋势，以治理机制完善保障多元要素融合发展

混改试点企业由点向面梯次铺开、范围全面扩大，呈现明显加速、向纵深推进的态势。但"混"是第一步，"改"才是关键，转机制、增活力才是最终目的。要把握住混合所有制改革的本质在于引入多元产权股东完善公司治理机制，以市场化机制聚合发展资源更新经营理念，一方面借助产权资本禀赋差异形成资源互补，另一方面借助多元产权相互制衡防范委托代理问题。这就要求推动混合所有制改革时着力实现多元产权股东利益共生，以便调动其参与混合所有制改革的积极性。国有企业推行混合所有制改革后要主动强化多元产权资本多层面深度融合，要知道资本与产权的"混"从来都只是改革的形式与方法，不能自发产生"1+1＞2"的效果，只有在管理技术、经营运作、文化融合、利益分配等方面优势互补融合发展，才能实

现多元产权股东利益共生,保障混合所有制改革的政策效果。

要以"改"促"混",通过建立和完善更加适应市场发展的机制,优化和调整混改企业利益相关者的责权关系,激活企业的运营活力和决策效率,提高企业整体效益。进一步通过制定"引资本""转机制""IPO 上市"等混改三部曲,实现股权结构多元化、治理结构制衡化和内部机制市场化。混合所有制改革要以"改"促"混",面临三个重点任务:一是持续推进国有企业"改机制"。推动混合所有制企业深度转换经营机制,全面建立灵活高效的市场化经营机制。坚持引进非公资本、取长补短推进机制改革的思路,将机制改革持续化、动态化,将改革的步伐与市场变化、企业实践变化保持一致。二是国有企业带动民营企业快速发展。混合所有制改革既包括国有企业引进非公资本,也包括国有资本参股非公企业。通过市场化重组等方式,围绕国有资本布局和企业发展战略,以双方自愿互利的市场化原则入股非国有企业,支持民营经济发展。三是以国有资本为纽带,提升产业链现代化水平、推动经济高质量发展。随着国资监管职能向"管资本"的转变,混合所有制改革中应进一步强化国有资本投资运营公司角色和功能,运用并购重组战略手段,从产业层面推进国有资本布局产业链上端、价值链高端、创新链核心点及技术链关键点,从微观层面推进金字塔持股、交叉持股、连锁股东或内部资本市场构建,优化产业链布局,增强产业链创新水平,推动经济高质量发展。

中国平煤神马能源化工集团有限责任公司(以下简称中国平煤神马集团)就是以"改"促"混"的典范,以做强主业、做活副业为主攻方向,以整体上市、合资新建、员工持股为改革路径,通过国有资本与非公有资本交叉持股,相互融合,分层推进,宜混则混、宜控则控、宜参则参、宜退则退,加速推进中国平煤神马集团完善现代企业制度,提高资本配置和运行效率,主动适应和引领经济发展新常态,促进集团经营机制转换,最终实现各种所有制资本取长补短、相互促进、共同发展。

面对"职工能进不能出、工资能涨不能降、干部能上不能下"的"新三铁"问题及发展后劲、转型动力、创新能力不足等问题，中国平煤神马集团把"改革则活、不改则死"作为自身发展的核心理念，把发展混合所有制经济，作为拜托经营困境的根本之策，确立了基于转换经营机制促进混合所有制改革的改革战略，以优化产业、产权结构为突破口，创新混合所有制改革的路径：对于煤炭、化工、新能源材料三大核心产业，推进整体上市和资产证券化，激活存量；引入民营资本，合资组建发展混合所有制企业，提升增量资产；推进员工持股，构建职工与企业命运共同体。经营机制转化使中国平煤神马集团形成了具有全球竞争力的产业体系，三大核心产业优势更加突出，转型发展取得重大阶段性成果，为企业可持续发展奠定坚实基础。产业、产权结构分布如图 4-10 所示。

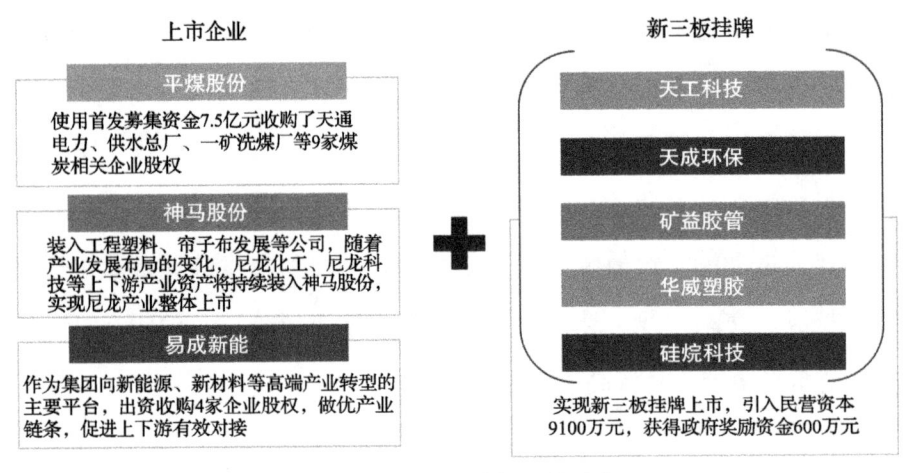

图 4-10 产业、产权结构分布

第四节

加强党的领导：以法治化为基础，以精细化为方向实现党建全面融入国有企业治理

一、坚持法治化、制度化、清单化、精细化、结构化发展趋势

《公司法（修订草案）》首次将党对国有企业的领导正式法定化，坚持党的领导，是国有企业的本质特征和独特优势，是完善中国特色现代企业制度的根本要求，修订草案首次在公司法层面直接、明确地确立了中国共产党对国有企业的领导，首次在公司法层面直接、明确地规定了党"研究讨论公司重大经营管理事项"的法定权利。草案中的有关规定，是治理法治化框架下开展党建融入治理工作的基本操作指引，具体来说包含如下几层意思：首先是要保证严格依法建立党组织，确保党组织在国有企业组织中的全覆盖。其次是加强规则建设，严格遵守党章，做好党建进章程的有关事项，确保党要管党，从严治党，为党建工作划好边界。最后是要发挥党组织支持其他治理主体的作用，确保董事会、监事会和高级管理人员能够独立自主依法行权。

随着国企改革三年行动的收官，目前绝大多数企业完成了党组织建设、党建进章程等重点工作事项，为党建法治化的推进建立了良好的基础。但要进一步在"权责法定，权责透明"的基础上，平衡好党组织的领导作用和支持功能，实现"协调

运转，有效制衡"，关键就在于理顺党组织和其他治理主体之间的关系，实现权责的清单化、精细化、结构化。在目前的国企治理运行过程中，党组织和股东会、董事会、经理层等治理主体，主要通过前置议事来发生联系。中共中央办公厅印发的《关于中央企业在完善公司治理中加强党的领导的意见》，也以清单方式明确了中央企业党委前置研究讨论决定的16项重大事项，为国企党组织议事决策提供了新的权威性规范和制度遵循。

例如，国网山西公司党委对党组织的权限进行细分，涉及落实党和国家大政方针、企业重大规划、国有资产产权代表任免、企业党建重大事项等重大决策，党组织可以直接决定；涉及企业生产经营及经营管理干部任免等重大事项，党组织则分别行使建议权和审查权。在此基础上，国网山西公司明确了党组织履行职责的5项具体程序。一是企业党委依据决策权限对拟提交董事会、经理层决策的重大问题进行讨论研究，提出意见和建议。二是在召开董事会、经理办公会前，进入董事会、经理层的党委委员就党委前置讨论的意见和建议与其他成员进行沟通。三是董事会、经理层决策前，进入董事会、经理层的党委委员要充分反应党委会的意见，并将决策情况及时向党委反馈。四是对违反国家政策法规、侵犯职工利益的重大决策，企业党委有权驳回和提出整改意见，得不到纠正的，要向上级报告。五是对经董事会、经理层科学论证，未采纳党委会建议的决策，企业党委要带头高效执行，并支持帮助董事会、经理层高质量落实决策目标，高标准完成决策既定任务。

国网山西公司党组织治理提升工作的关键是以制度化、清单化为核心，持续推进现有制度、清单、程序等党组织治理工具的精细化、结构化，厘清了党组织和其他治理主体之间的权责和工作界面，并设计了相互制衡的有效机制，从而实现了党组织治理的全面提升。

二、以提升决策效能为创新要点，探索多形态的党组织行权机制

提升党组织行权决策效能是一个系统化工程，覆盖制度建设、机制建设、组织建设等形态的改革创新角度。首先，党建进章程是制度建设的基础。进章程不只是停留在纸面上，而要使党建真正融入国企中心工作。章程要明确党组织在公司法人治理结构中的法定地位，特别是党组织在决策、执行、监督各环节的权责和工作方式。党建工作要渗透到国企工作的各个环节、各个方面，使党建真正融入企业中心工作。作为公司内部的"宪法"，章程规定毕竟较为概括，为保证党建进章程工作落到实处，要配套制定更为详细、更具操作性的细化文件，保证公司章程中党建的有关规定能落到实处。党建融入中心工作，但党组织不能直接成为企业生产经营的决策和指挥中心，明确权责边界，做到无缝对接，才能形成各司其职、各负其责、协调运转、有效制衡的公司治理机制。党建工作要求进章程，不仅在国企集团层面落地见效，在此前党的作用发挥较弱的国企二、三级公司，章程修订的作用也较显著。探索"一企一案"方式，区分制定章程修改内容。

其次，党建融入公司治理的机制建设是提升行权效能的有力抓手。关键是解决党建与经营业绩考核相割裂的问题。做好党建责任制考核和经营业绩考核相统一，是新形势下国企深入推进综合改革的重要支撑性、基础性工作，建立统一的责任考核机制，系统梳理考核思路、有机整合考核手段、持续加强考核应用，形成统一、联动、规范、高效的责任考核工作格局。此外，两个考核的统一，能够促进党组织和法人治理各级组织工作机制的强化和规范化，助力国企治理机制完善，最终服务于建立中国特色现代企业制度，国企高质量发展和国资保值增值目标。

最后，党组织的建设是落实行权能力的组织基础。长期以来，国有企业重大事项的前置研究讨论主体一直由党委（党组）履行。但随着国企法人治理的规范化，

很多基层单位逐渐形成了独立的法人结构。但由于规模、党员人数所限,很多企业实际上并不具备成立党委(党组)的条件,当面临重大事项决策时,就需要逐级上报到上级党委(党组),在一定程度上导致了效率的降低,这一直以来都是国企党组织治理的一个重要问题。《中国共产党国有企业基层组织工作条例(试行)》中虽然规定了"具有人财物重大事项决策权且不设党委的独立法人企业的党支部(党总支)"具备对重大事项的前置讨论权限。但考虑到党组织的组织建设、治理机制建设的一些基础问题尚未解决,以及党支部的行权能力不足等诸多问题,国有企业在这一方面创新探索的实践并未及深入。而随着《公司法(修订草案)》的发布,其在规定中对发挥党的领导作用并未限定在"党委(党组)"类的党组织形式,而是使用了范围更宽泛的"党的组织",可以理解为是对党组织在企业中领导地位的法律确认,又不拘泥于形式,留下了充足的实践空间。这意味着国有企业可以在治理优化实践中进一步探索各种类型的党组织参与和研究讨论公司重大经营管理事项的机制。

例如,中铁工业集团有限公司的全资子公司——中铁科工集团有限公司(以下简称中铁科工)通过建设"生产力党支部",将重点放在提升基层党组织价值创造力上,着力解决党建与治企"最后一公里"问题。在中铁科工的支部党建实践中,采用了"党建搭台,技术、经营、管理、服务唱戏"的模式,以支部为核心,将重要业务工作纳入"三会一课"研究讨论中,解决问题,提升效率,实现党支部在产业链上的有效覆盖。中铁科工的"生产力党支部",是为解决党建与企业发展"两张皮"的举措之一,将重点放在提升基层党组织价值创造力上,在解决生产难题、管理痛点、群众关心的热点问题中,实现党建与企业中心工作的深度融合,创新组织设置,打造"生产力党支部",把党支部建到产业链上。中铁科工党委把党的领导和党的建设镶嵌到公司改革发展的各个环节,为企业强根固魂,着力解决党建与治企"最后一公里"问题,使党的领导得到充分发挥,党建责任得到有力落实,更好地发挥出党组织的战斗堡垒和党员的模范先锋作用,展现了工业人危急关头豁得出、关键时刻冲得上、大风大浪中稳得住的厚重力量。在破解党建与企业发展"两张皮"的问题上,中铁科工将重点放在提升基层党组织价值创造力,在解决生产难题、管理痛点、群众关心的热点问题中,实现党建与企业中心工作的深度融合,创新组织设置,打造"生产力党支部",把党支部建到产业链上,探索出一条聚焦基层抓党建、固本强基促发展、实现党的建设和生产经营"双丰收"的发展之路。

第五节

完善企业治理结构：加强董事会建设，落实董事会职权治理提升

一、明确董事会定位，统筹规划董事会治理

随着中央企业、地方大型国企集团层面的董事会建设工作基本完成，国有企业董事会建设的总体方向，就是要持续向基层延伸，实现董事会建设的全面覆盖。目前很多基层国有企业在开展董事会建设的过程中，基于企业的种种现实条件，采用了设一名"执行董事"的模式，由执行董事履行董事会的职权，部分企业还由执行董事兼任了企业总经理。这一模式虽然是符合我国法律和国有企业实际的治理举措[1]，在权责上可以保持一致，但"执行董事"毕竟和"董事会"存在根本上的差异，其法定地位也存在差异，容易导致在决策、监督等方面的权力制衡架构难以设计。而《公司法（修订草案）》的公布[2]意味着从公司治理的根本法律层面上重新对执行董事进行了定位，将其正式定义为"一人董事会"，纳入董事会治理的大框架下。这一举措有助于国有企业的董事会治理真正形成"一盘棋"，在后续的职能定位、功能发

---

[1] 现行《公司法》第五十条："股东人数较少或者规模较小的有限责任公司，可以设一名执行董事，不设董事会。执行董事可以兼任公司经理。"

[2] 《公司法（修订草案）》第七十五条规定："规模较小的有限责任公司，可以不设董事会，设一名董事，行使本法规定的董事会的职权。该董事可以兼任公司经理。"

挥、权责履行等方面就可以做到统筹规划，统一设计，是治理法治化框架下的重大转变和关键创举。

二、实现董事会全覆盖，紧抓优化董事会行权

2021年发布的《中央企业董事会工作规则（试行）》中，明确提出了国有企业董事会的定位，即董事会是企业的经营决策主体，定战略、作决策、防风险，依照法定程序和公司章程决策企业重大经营管理事项。而《公司法（修订草案）》第六十七条则首次从公司法层面明确了有限责任公司的董事会是公司的"执行机构"。上述描述在用词上略有差别，但实际上体现出了董事会定位的一体两面。从股东会与董事会的委托代理关系角度讲，董事会受托经营，对股东会负责，当然是股东会的执行机构。只是一般现代公司经营管理任务繁重，董事会进一步委托了经理层作为自己的"执行机构"执行日常生产经营的管理，自己专注于定战略、作决策、防风险等公司中观层面的经营决策。

因此，新形势下董事会的定位，更多的是要向中观聚焦，要紧抓"定作防"定位，打造自身行权能力。具体来看，"定战略"方面，董事会应当建立健全企业战略规划研究、编制、实施、评估的闭环管理体系；"作决策"方面，董事会依照法定程序和公司章程决策企业重大经营管理事项，如企业经营计划、重大投融资事项、年度财务预（决）算、重要改革方案等，并督导经理层高效执行；"防风险"方面，董事会应当推动完善企业的风险管理体系、内部控制体系、合规管理体系和违规经营投资责任追究工作体系，有效识别研判、推动防范化解重大风险。董事会审议重大经营管理事项，重点研判其合法合规性、与出资人要求的一致性、与企业发展战略的契合性、风险与收益的综合平衡性等。

例如，中国电子信息产业集团有限公司（以下简称中国电子），就在董事会建设过程中，强调坚持战略导向，突出科学决策、规范决策、高效决策，严格决策执行。具体来说，中国电子建立了以公司章程为基础，议事规则和党组、董事会、总经理工作规则相支撑，发挥不同治理主体作用的"1+1+3"决策体系。明确了党组重点解决"该不该干"问题，董事会重点解决"这样干行不行"问题，总经理重点解决"怎么干"问题。以此为基础，中国电子严格把控董事会议案质量，制定议案管理办法，分类管理议案，明确议案要件清单，注重法律意见书、风险评估报告。充分发挥专业委员会作用，会前充分酝酿，形成意见建议提交董事会审议。充分发挥专家作用，重大投资并购听取中华人民共和国科学技术部和第三方专业机构意见。充分发挥外部董事作用，有异议的暂缓表决，听取外部董事专业意见，修改完善方案。更重要的是，中国电子在董事会行权过程中强调中观视角，强化战略管控和动态授权，以全面预算管理为主线，规范预算内授权总经理和子企业决策的事项范围，预算外事项严格由董事会审议，实现决策下移、经营前移。

再如中国国新控股有限责任公司（以下简称中国国新），作为中央企业的国有资本运营公司，从防风险视角出发加强董事会建设，把构建系统完备、科学规范、运行有效的制度体系，作为提升治理能力的全局性工作。具体来说，中国国新先从制度出发，组织制定了全面风险管理体系建设指导意见、合规管理指引、内部审计管理办法、投资后评价管理办法等一系列制度，及时补齐风险防范制度短板，完善投资决策交叉审核机制，筑牢风险管理"三道防线"，保障了公司业务规范运作。中国国新还明确了董事会防风险职能的具体作用机制，要求董事会定期听取审计、合规、内控、财务决算等专项工作报告，对各类风险进行梳理，提出防范举措，并全面开展风险排查，提升风险防控水平。经过针对性的董事会治理能力提升工作，中国国新董事会在审议业务拓展、重大投资议题时，聚焦市场风险提出大量有价值的意见建议，反复强调当市场拓展与风险防范发生冲突且不可调和时，必须毫不犹豫地把风险防范摆在首位。

三、优化董事会结构，重点聚焦董事会建设

在近年来的国企改革过程中，对于董事会建设的要求呈现出逐渐细化和规范化的态势，重点聚焦了董事会结构建设的方面，具体包括董事会的人员构成和组织结构两个层面。在人员构成层面，自国企改革三年行动开始，对国有企业董事会全面提出了"外部董事占多数"的要求，并配套了相关的具体政策机制，如专职外部董事制度、外部董事库等。在法律规定层面上，关于外部董事的职能强化也做出了进一步的规定，现行公司法没有"外部董事"的规定，《公司法（修订草案）》则规定：国有独资公司的董事会成员中，应当过半数为外部董事。将国企改革中关于外部董事的政策或规范性文件的要求上升到法律层面，强制性要求的法律效力位阶显著增强。在组织结构层面，最关键的是要建设好董事会的各项履职支持组织，并持续加强其能力，理顺其运行机制。

中电长城网际系统应用有限公司（以下简称长城网际）是中国电子于2012年7月6日根据自身产业布局和发展战略需要，以合资新设方式专门成立的国有控股混合所有制网络安全企业。长城网际成立时，注册资本为18200万元，其中中国电子占50.55%，核心管理团队和员工持股平台占32.97%，中国信息安全测评中心（以下简称测评中心）占16.48%。经两次增资扩股引进战略投资者后，目前注册资本增加到44621.2454万元，中国电子占36.63%，核心管理团队和员工持股平台占28.96%，测评中心占6.72%，中电创新基金占14.94%，国投创业投资管理有限公司（以下简称国投创业）和中信建投资本管理有限公司（以下简称中信建投）合计占12.75%。长城网际成立后，即按照《公司法》和《公司章程》，确立了股东会、董事会、监事会和总经理办公会的公司治理结构，制定相应的决策程序和议事规则，形成权力机构、决策机构、监督机构和管理层之间权责明确的相互协调和制衡机制。股东会由全体股东组成，是公司的权力机构。董事会是股东会的执行机构，负责对公司的发

展目标和重大经营活动做出决策，聘任公司经营管理团队，并对经营管理团队的业绩进行考核和评价。以完善的公司治理结构尽可能确保重大决策的科学有效性，降低经营决策及公司治理风险。目前，长城网际董事会由9名董事组成，董事人选由股东推荐，其中中国电子推荐5名，中电创新基金推荐1名，测评中心推荐1名，职业化团队推荐1名，国投创业推荐1名。监事会由3名监事组成，其中中国电子推荐1名，测评中心推荐1名，职工监事推荐1名。

根据《公司法》和《公司章程》的有关规定，建立了授权制度。对公司经营管理"三重一大"事项，按照决策内容和金额大小，分别确定了总经理、董事会、股东会对事项的权限，规范决策程序，提高决策效率。中国电子推荐过半董事，保证了对长城网际的战略控制力。根据持股比例，中电创新基金、测评中心、职业化团队、国投创业各推荐1名董事，有利于促进公司治理结构进一步完善，增强经营的独立性。

四、厘清董事会职权，精准落实董事会职权

从国企改革三年行动开始，我国国有企业开始了落实董事会职权的各项行动，迄今为止取得了明显的成效。但由于相关改革实践起步相对较晚，目前董事会的若干核心功能，比如选人权、用人权尚未完全落实，在这种情况下，董事会的作用不免会弱化，难以充分发挥制度设计时所赋予的重要功能。因此，未来落实董事会职权也必将会成为董事会治理提升的重点工作，将在较长的一段时间内深入推进。实际上，董事会职权落实的导向，在本次公司法修订中也有所体现。现行公司法采用了职权事项清单式列举性表述方式，但《公司法（修订草案）》则采用了股东会职权除外式概括性表述，明确了"董事会行使本法和公司章程规定属于股东会职权之外的职权"。这种规定模式，为董事会权利更加自主、更大空间的配置提供了重要的法

律基础或支撑，也为做实董事会、切实发挥董事会的作用提供了坚实的法律基础。

因此，国有企业应当积极响应这一思路，将传统"法定权限＋上级授权"这种"要我做"的权限授权思路转变成"我要做"的权限落实思路，重点围绕董事会中长期发展决策权、经理层成员选聘权、经理层成员业绩考核权、经理层成员薪酬管理权、职工工资分配管理权、重大财务事项管理权6项职权，在全面落实政策要求的基础上，围绕法人层级授权及治理主体权责优化，规范董事会职权行权依据和路径，充分发挥董事会定战略、作决策、防风险的作用，推进公司治理体系和治理能力现代化。同时，明确董事会职权，也有必要强调差异化管控和行权能力建设两个支柱，要按照国务院国资委关于分类改革、分类施策的要求，为精准落实董事会职权提供有效指引，确保董事会职权落实改革举措真正能精准落地见效。同时还要推进规范行权，切实增强董事会运作的规范性，有效确保相关职权放得下、接得住、行得稳。

例如，中国东方电气集团有限公司（以下简称东方电气）打出"一套组合拳"，打造专职董事运行机制，推进对子企业的管控由"行政审批"到"行权治理"转变，企业董事会"定作防"作用有效发挥。一方面，纵向差异化落实权责。落实"放、管、服"管控要求，突出从股权结构、功能定位、经营规模3个维度对子公司进行"分类管控"，确定母子公司权责划分清单，健全母子公司纵向分权制度，实现授放权与过程控制"双加强"；聚焦管控事项、监督事项、报告事项，制订"三个清单"，对相对控股子企业实施差异化管控。另一方面，强化企业董事会规范运行，筑牢董事会运行基础。明确董事会应建尽建标准，实现全级次企业董事会应建尽建，外部董事占多数的达到100%；以"专业能力、管理经验、履职经历"三个维度构建专职董事人才储备库，打造"身份专职、能力专业、履职专管、职责专用"的专职董事队伍。有序落实董事会职权。按照"积极稳妥、分批分期、有序推进"原则，对13户董事会健全的重要子企业全面落实董事会6项职权，充分发挥董事会作用。

第六节

开展授权经营：优化责任管理、强化权责授权服务治理提升

一、深化经理层市场化选人用人，优化经理层治理前提

在国企深化改革的上一个阶段中，全面推动任期制与契约化改革作为一个重要的改革主题，要符合条件地推动职业经理人制度建设。这正是希望能够在国企经理层建立一个权责明确、权责利对等、清晰考核、刚性激励约束的市场化机制。目前国有企业经理层已经实现了任期制和契约化管理的全面覆盖，并正在逐步向职业经理人模式深入推进，这将构成未来经理层现代化治理的前提和基础。经理层成员任期制和契约化管理，是指对企业经理层成员实行的，以固定任期和契约关系为基础，根据合同或协议约定开展年度和任期考核，并根据考核结果兑现薪酬和实施聘任（或解聘）的管理方式。而职业经理人是指按照"市场化选聘、契约化管理、差异化薪酬、市场化退出"原则选聘和管理的，在充分授权范围内依靠专业的管理知识、技能和经验，实现企业经营目标的高级管理人员。前者是后者的基础和前提，后者是前者进一步发展的必然结果，国有企业在经营管理层面上创新治理的重要趋势，就是要站在现有契约化管理的基础上，开展职业经理人的创新实践，提升经理层的管理市场化程度。任期制与契约化和职业经理人的关系如图4-11所示。

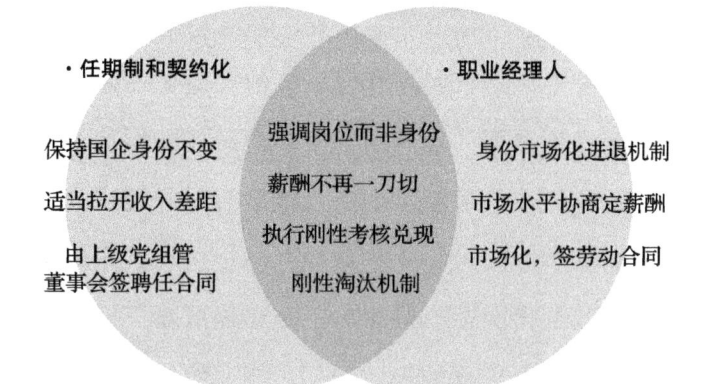

第四章 中国特色现代企业治理专题报告

· 任期制和契约化
保持国企身份不变
适当拉开收入差距
由上级党组管
董事会签聘任合同

强调岗位而非身份
薪酬不再一刀切
执行刚性考核兑现
刚性淘汰机制

· 职业经理人
身份市场化进退机制
市场水平协商定薪酬
市场化，签劳动合同

图 4-11 任期制与契约化和职业经理人的关系

为了更好地完成两种制度的过渡，国有企业有必要建立对应的市场化改革机制。具体来说，即以任期制和契约化作为企业内部经理人能上能下的内循环，同步建立职业经理人作为企业对接外部专业人才市场能进能出的外循环，进一步建立两个循环之间的流转通路，推进契约化管理经理层的职业化，让国企干部放弃干部身份，进入市场化的人才竞争循环之中，迎接市场竞争的同时享受市场化待遇；同时打通职业经理人获得国企身份，回归契约化管理的通路，吸引优秀的外来人才开展市场化经营管理，进一步深化经理层市场化改革工作。一是要建立适应市场竞争需要的选聘机制，引进职业素养高、专业能力强、管理经验丰富的职业经理人。二是打造奖惩分明的价值评价机制，让价值创造者、持续贡献者获得回报，实施"以绩定薪"的分配机制提升薪酬资源的配置效率。三是建立契约化管理职业经理人合同体系，明确职业经理人聘任的常规条款、劳动合同解除条款，确定任期绩效考核内容和标准、行为规范、经营层和职业经理人的权利及义务清单等，完善激励约束机制，通过优胜劣汰进行有序流动。

例如，华能资本服务有限公司就通过推行职业经理人制度，在企业经理层治理层面上确立了"三个尊重"的基本治理文化，即尊重市场机制、尊重价值创造、尊重契约精神。

二、落实董事会对经理层授权，清晰经理层权责和行权机制

维护经理层的经营自主权是落实经理层职权的关键。一是明确经理层与董事会的权责边界。明确委托代理关系，经理层为董事会聘任的执行者，尽责地执行董事会的决策，提高执行力和经营管理能力。二是董事会对经理层充分授权，实行总经理负责制，让经理层能够及时决策、承担责任、承担风险，形成董事会与经理层相对独立、协调运转、相互制衡的运作机制。三是经理层对下属机构授权，建立分级授权经营管理体系。明确授权管理的归口部门，按照集中归口、分工负责、统一授权、个别调整的原则健全完善授权经营体系。配套上述经理层市场化管理机制的还有一个重要保证条件，就是在考核责任明确、激励约束条件刚性的要求下，同时保障给经理层充分、足够、合理的授权，让经理们可以大胆地承担起指挥生产经营的责任，能够为自己"谋经营、抓落实、强管理"的决策行为负责。为此，就需要从内部治理边界上，厘清董事会和经理层之间的权限边界，让经理层更好地聚焦微观经营事项。

第七节

深化内部市场化改革：以人为本聚焦内部机制改革，强化激励配套各项改革措施，着力解决三项制度问题

一、推进市场化选人用人机制改革，完善企业市场化运营

经过多年国有企业内部劳动制度的改革，劳动力市场的成熟及社会保障制度的逐步完善，除了少数垄断行业的国有企业外，大多数国有企业在劳动用工方面，遵照政府有关规定和国家有关法律，已经基本形成了员工能进能出的灵活的用工机制，初步适应了社会主义市场经济和现代企业制度的要求。但是近年来国有企业内部劳动用工的外部环境发生了重大变化，适应市场经济体制和劳动力市场的灵活的国有企业用工机制逐渐出现了凝固化和终身制的趋势。在实践过程中，国有企业面临着就业形式、社会责任等外部因素，加之《中华人民共和国劳动合同法》（以下简称《劳动合同法》）"无固定期限劳动合同"用工方式的一些限制，使得经过几十年艰难改革探索形成的与市场经济接轨的企业内部劳动用工制度和员工能进能出的机制面临着严峻的挑战。

因此，在进一步的改革过程中，国有企业要坚持"建立健全以合同管理为核心、以岗位管理为基础的市场化用工制度"，打破身份差别，严把入口，畅通出口，真正做到管理人员能上能下、员工能进能出，人员合理流动。

例如，中国中化集团有限公司（以下简称中化集团）树立起以市场为导向的高绩效文化，让绩效评价体系成为干部员工的"赛马场"。通过推行全员绩效管理，中化集团实现了严格的等级强制分布，如C类要处罚、D类要淘汰，以保持队伍活力。对关键岗位人员，中化集团更是建立起"基于评价的退出机制"，使得优胜劣汰、干部能上能下成为常态。

再如，中国宝武把劳动用工专项改革与人事效率提升相结合，按照人事效率年均提升不低于8%的目标，坚持公开选拔，优化机制，并要求总部部门率先瘦身。同时，中国宝武要求所属企业以《劳动合同法》为依据，强化岗位绩效与合同管理，积极稳妥开拓员工转型渠道，探索新形势下的员工市场化退出方式。

国网甘肃省电力公司（以下简称甘肃公司）以国家电网公司三项制度改革精神为指导，按照"市场导向、分类分层、注重差异、稳妥有序"的原则，建立契约化劳动用工关系，以增强企业活力、激发员工动力、实现企业与员工共同发展为目标，开展内部人力资源市场运行，深化用工制度改革（见图4-12）。实施全员劳动合同制，杜绝"一签定终身"，通过建立内部人力资源市场，实现人员合理流动，提升人力资源效率。严控员工入口，扎实开展人力资源诊断分析和人力资源需求预测，在厘清甘肃公司各单位人力资源现状的基础上，结合甘肃公司长远发展需要和各单位生产经营实际，编制招聘高校毕业生需求计划，为各单位精准补充一线岗位技术技能人才。开展"订单+定向"培养工作，积极争取扩大培养规模和院校范围，为甘肃公司艰苦边远地区单位培养和储备电工类、电子信息类等所需专业生源，保证艰苦边远地区单位每年能补充一定数量的优秀毕业生。为提高市场化单位市场竞争力，拓宽人才引进通道，甘肃公司向国网公司申报社会招聘人员，通过甘肃公司官方微信、西北人才网、智联招聘等媒体渠道发表招聘公告，社会招聘补充本单位亟须人才，提高了市场竞争力。

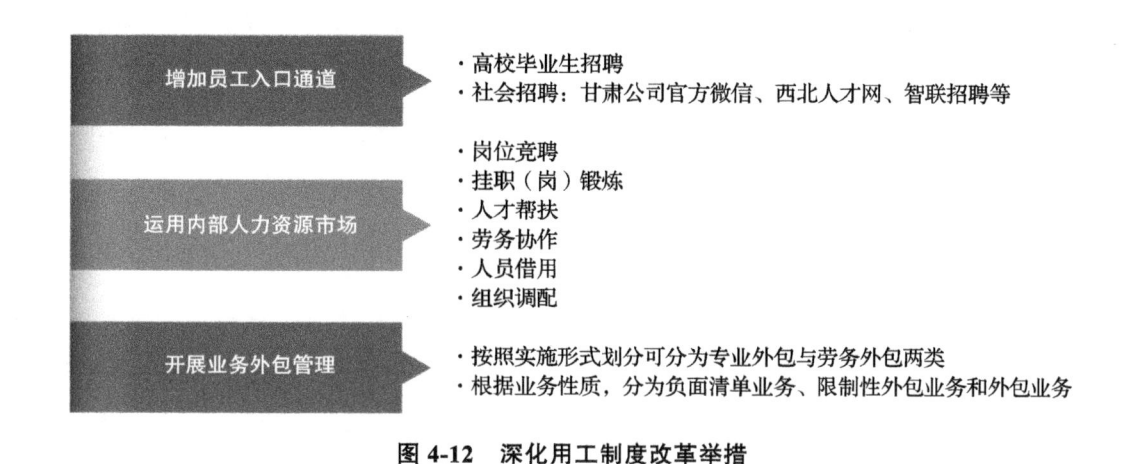

增加员工入口通道
- 高校毕业生招聘
- 社会招聘：甘肃公司官方微信、西北人才网、智联招聘等

运用内部人力资源市场
- 岗位竞聘
- 挂职（岗）锻炼
- 人才帮扶
- 劳务协作
- 人员借用
- 组织调配

开展业务外包管理
- 按照实施形式划分可分为专业外包与劳务外包两类
- 根据业务性质，分为负面清单业务、限制性外包业务和外包业务

图 4-12　深化用工制度改革举措

在甘肃公司范围内，以盘活存量、优化配置、集约提效为目标，通过构建人力资源供需平台，运用组织行为或模拟市场机制开展员工流动，促进人力资源高效利用。甘肃公司内部人力资源市场人员配置方式主要包括岗位竞聘、挂职（岗）锻炼、人才帮扶、劳务协作、人员借用、组织调配 6 种。业务外包管理按照实施形式划分可分为专业外包与劳务外包两类；根据业务性质，分为负面清单业务、限制性外包业务和外包业务。甘肃公司各单位应在盘活现有的人力资源总量和提升人员使用效率的基础上，根据本单位超（缺）员和专业超（缺）员情况适度开展业务外包。其中，超员单位的超员专业不得开展业务外包，超员单位的缺员专业可以适度开展业务外包，缺员单位根据缺员程度适度开展业务外包，特殊情况按照"一事一议"的原则，经甘肃公司审核同意后，可适度开展业务外包。

二、丰富激励分配"工具箱"，聚焦企业内部市场化

国有企业收入分配制度是我国"以按劳分配为主体、多种分配方式并存"的基本分配制度的主要实现形式之一，关系国有企业健康发展和国有企业职工切身利益。经过国企深改的前期实践，目前国有企业激励"工具箱"中的品种已较为丰富，5 年

来，国企激励机制相关政策陆续出台，企业改革持续深化，激励工作取得积极进展。国务院国资委出台《中央企业工资总额管理办法》，根据企业不同功能定位实施工资总额分类管理的政策措施，采取多种方式加快建立长效激励约束机制，45家中央企业控股的91户上市公司实施了股权激励，24家中央企业所属科技型子企业的104个激励方案正在实施。国企初步建立了与企业负责人选任方式相匹配、与经营业绩相挂钩、与功能定位相适应的差异化薪酬体系。

未来国有企业应当着重加强对中长期激励手段的系统化、组合化应用，做到在合法合规的基础上，把激励政策工具用足用好，从分配和激励视角破局内部市场化机制构建的难题，激发人员活力。落实这一创新举措的关键在于，从管理、技术、资本、知识等要素角度出发，开展分层分类管理，对不同类型、不同战略、不同发展阶段、不同价值导向的企业，在现有的工具中进行结构化的选择与应用。更重要的是，企业不能仅仅针对政策已经明确的中长期激励手段开展工作，而是要拓宽视野、提高站位，坚决贯彻党中央、国务院关于建立和完善符合社会主义市场经济要求的激励机制决策部署，从全局、全手段出发来探索创新适合自身的激励工具，并形成可参考、可复制的成熟模式，推动企业实现高质量发展。

第八节

提升市场化经营能力：对标一流面对市场竞争，创新发展聚焦高端价值环节

一、对标世界一流，公平参与全国统一大市场竞争

国有企业"公平参与市场竞争"的内涵，既是所有制层面上的，也是产业和区域层面上的。在不同所有制的市场竞争方面，要贯彻中央"两个毫不动摇"，并在"毫不动摇鼓励、支持、引导非公有制经济发展"的基础上，"大力支持民营企业发展壮大"，建立公平竞争的市场环境，使各种所有制经济依法平等使用生产要素，公平参与市场竞争，同等受到法律保护。在未来的公平竞争的社会主义市场经济条件下，国有企业和民营、外资企业一样，平等使用生产要素，公平参与市场竞争，同等受到法律保护。这就要求国有企业必须要打破现有的封闭竞争格局，真正从自身生存发展的立场上去建立市场化竞争优势，巩固和发展国有经济，并发挥在国民经济中的主导地位。行业和区域竞争方面，在之前的发展阶段中，国企市场化经营的关键举措在于通过整合重组，促进企业聚焦主责主业，以此提升主业经营规模和经营效率，打造企业核心市场竞争力。其中央企整合的核心思路在于行业整合，未来发展的方向在于放眼国际市场，培育世界一流，最终形成参与全球竞争的"国家队"。而央企整合腾出的空间则由地方国有企业填补，各地国有企业的发展必然趋势，就是要根据各地方的先进产业分布态势，整合形成以行政区划为基础，辐射一

定范围的产业龙头，再接入全国统一大市场，开展跨区域的市场化竞争，最终形成具备市场竞争能力的国有企业。这意味着，国有企业要站在新的历史起点，肩负新的历史使命，承担加快构建新发展格局的重大任务。因此，国有企业必须从中国特色现代企业治理机制出发，从打造自身的市场竞争力出发，通过创机制、激活力、谋战略，在全面参与构建新发展格局的进程中育先机开新局。

例如，中航系统有限责任公司（以下简称中航系统）就拟将旗下中航电子和中航机电两家企业通过换股吸收进行联合重组，将资源和资产整合进中航电子旗下，集中资源做大做强航空主业。实际上，早在2018年，中国航空工业集团有限公司（以下简称中航）就将中航机电系统有限公司与中航航空电子系统有限责任公司进行整合，成立中航机载系统有限公司，并由中航电子与航空工业机载有限公司签署《托管协议》，约定航空工业机载有限公司将重点科研院所在内的14家下属企事业单位委托给中航电子管理。此次中航电子与中航机电的资产重组是航空工业对机载系统产业的进一步整合。通过分阶段、系统化的企业整合，中航有效带动和促进了军工央企整体市场化经营能力的提升，有效破解了经营过程中的流动性难题，同时促进落后产能、闲置低效资产的再配置、再利用，实现国有资本的价值最大化。

再如，盛隆化工有限公司（以下简称盛隆化工），于2003年6月由山东能源枣矿集团（以下简称枣矿）、宝武集团马鞍山钢铁股份公司（以下简称马钢）两家国企与民企巨头江苏沙钢集团（以下简称沙钢）合资兴建成立。盛隆化工创造性地融合和吸纳三家股东企业优势，坚持在规范上对标枣矿，在技术上对标马钢，在运营上对标沙钢，实现优势互补。三家股东企业借助各自领域的管理经验和优势力量，为大幅提升盛隆化工的管理和效益奠定了坚实的基础。盛隆化工机构设置侧重于由股东沙钢编配，既做到了部室、车间机构设置高度精简，也保证了相关职能完善健全。党群干部全部实行兼职，班段长以上人员全部竞聘上岗，机关管理人员竞岗参考公务员遴选模式。为避免团队臃肿，盛隆化工实行机构扁平化设置、非主业外包，采供销运一体化，人员高度精简，运转灵活高效。公司年采购原料400多万吨，采购部门仅有2人，8种产品销往4个省，销售岗位仅有3人。一期工程预期定员1500人，实际定员630人，二期投产后，产能翻了一番多，职工仅有1300人。公司始终保持人力资源配置"瘦身健体"，避免人浮于事，利用扁平高效的配置确保企业高效运行。沙钢在降本增效、人力资源配置、绩效考核、基层车间及班组管理基础培训方面，为盛隆化工提供专业的辅导团队。近年来，坚持全厂服从市场，生产服从销售，其他服从生产的原则，深入开展降本增效。把节约挖潜、节支降耗作为降本增效的有效手段，持续拧紧能耗的"阀门"。同时，把降本增效活动纳入班组日常管理工作中，自2016年开始，分期分批地组织人员专门到沙钢学习降本增效经验，制订落地措施，与车间、班组二级经济责任制考核有机结合起来。通过坚持"日统计、周分析、月总结通报"和月度例会制度等措施，2017年共计降低成本7200余万元，2018年降低成本1.1亿元，2019年1—9月累计降低成本近3000万元。枣矿每月定期派相关专业人员深入盛隆化工实地，按照煤矿企业的高标准安全要求，帮助排查隐患，并纳入枣矿季度安全标准化达标评比考核，将好的做法和不足之处逐项登记备案，隐患限时销号，揭丑亮短，形成一种"比、学、赶、超"的竞赛氛围。安全管理是《合资协议书》唯一明确枣矿直接参与的管理条款，把煤矿的高标准理念嫁接到盛隆化工生产现场，体现了大股东责任感和对安全的重视，实现了建厂以来没有发生过重大人身安全事故和生产设备事故。

二、重点发力高端价值产业和产业链，突破市场竞争瓶颈

国企市场化经营改革，包含了多个层面的内涵，要创新突破经营市场化这一治理课题，关键在于抓住重点环节和关键领域。根据目前国民经济和国资国企发展的整体形式来看，未来应当是在价值提升和产业链发展两个层面重点发力，并形成有

效举措。

首先，科技自立自强是"十四五"规划的首要任务目标。面对众多"卡脖子"关键核心技术薄弱问题，国有企业必须围绕原创性技术创新进行更多资本布局，在国家重大科技和产业化项目进行科学战略部署，强化基础研究投入，提高高级技能工人占比，完善科技服务体系，积极探索市场经济条件下的新型举国体制，在推进创新攻关的"揭榜挂帅"机制过程中发挥重要作用。国有企业尤其中央企业要成为新型举国体制下科技自立自强的核心平台，组织协调各方力量攻克战略性、前瞻性、基础性、共性的技术问题，提升重大项目的组织实施效率，使得国有企业尤其中央企业真正成为构建新发展格局的原创技术策源地，才能确保市场竞争力可持续发展。实际上，2022年开始的科改扩容行动，正是这一改革思路的直接体现。

其次，国有企业应聚焦产业链供应链的治理能力提升。从供给侧看，产业基础能力薄弱和产业链供应链现代化水平低是制约我国经济高质量发展的突出短板，也是构建新发展格局的关键着力点。在全球分工更加精细的背景下，提升国家产业链供应链现代化水平，是一个向高附加值延伸的过程。从国际经济循环角度看，中国企业在全球价值链分工地位还处于中低环节，对全球价值链治理还缺少话语权；从国内经济循环角度看，总体上国有企业尤其是中央企业在产业链供应链中处于中上游地位，对产业链供应链具有一定的控制能力，但这种能力主要是基于资源导向的，不是基于创新导向的。这就要求国有企业在现有的基础上，实现流程或者工序升级、产品升级、价值链环节攀升，或者企业功能升级、价值链跃迁等方式来提高我国产业基础能力和产业链水平，完成从基于资源优势控制产业链向基于创新能力控制产业链的转化，准确把握我国产业链、供应链、价值链分布和关键技术现状的基础上，在产业基础再造工程中发挥核心作用。

中国电科担当央企责任，持续增强自主创新能力和企业治理能力，推进供给侧结构性改革，面对电子信息产业的高速发展和竞争加剧，以及对体系化、系统化要求越来越高，集团公司总部确立了提高综合协调、统筹调度能力的发展目标，建立了基于双平台的经营管控体系。中国电科按照"目标导向、面向市场、关注重点、遂行突发例外调度、防范风险"的基本原则，逐步构建大型军工集团基于双平台的经营管控体系，形成"经营目标—监测预警—经济分析—运行调度—考核评估"五维联动和"红网—蓝网"双平台架构，基于目标和问题导向，综合运用管控数据进行归集、感知、分析和预警，持续提升经营管控能力水平，充分发挥经营管控集团型企业经营发展的决策支持、综合协调、统筹推进作用。双平台体系支撑企业运营目标的实现和规划落地实施，提高了企业运营效率和运营管理水平，探索出一条军工集团多企业多法人运营管控模式。

第九节

中国特色现代企业治理建议

一、探索股权多元化治理，提升效率与市场竞争力

国有企业要注重在管理技术、经营运作、文化融合、利益分配等方面优势互补融合发展，实现多元产权股东利益共生，以便调动其参与混合所有制改革的积极性。具体来说，一是要积极保障各产权资本参与经营管理的"话语权"，吸收社会资本的创新经营理念和先进管理经验，积极接受其对重大决策和日常经营的专业性建议。二是要依托社会资本灵活的市场机制和高效的运营效率提高混合所有制企业经营绩效，也要依托国有资本强大的风险管控能力和规范的运作流程强化风险意识。三是要重视多元产权资本嵌入产生的文化差异，推动公有制和非公企业的多元文化在混合所有制企业中实现协调、融合和升华，培育优质企业文化、提高整体向心力。四是要兼顾各混改参与方的核心利益诉求，有效保障各方产权利益实现。

二、清晰集团治理管控定位，建立合法规范的管控框架

一是要以股权治理为先导，明确国家出资企业的定位，积极承接国资出资人、两类公司、上级集团化企业的管控要求，从企业发展战略出发，科学研究国际国内行业发展趋势，深度挖掘主业产业链各环节发展机遇，通过投资并购、战略合作等

手段，快速向产业链上下游延伸，战略性做全主责主业产业链环节，提升市场竞争力。同时，针对规模普遍较小、产业分散、业务同质化等问题，聚焦主责主业，对企业经营性业务及资产进行专业化"编排"，形成功能鲜明、错位发展、相互协同的企业格局，避免原有简单粗放型的企业整体划转合并。

二是要以集团化组织治理管控为关键，打造治理管控核心能力，具体来说，第一，从资本投资角度重新定位集团总部和二级平台，加强顶层设计，将集团总部作为落实国有资本投资公司投资职能的主体，围绕投前管理前移、投中管理下沉、投后管理强化，打造投资管理闭环体系。第二，构建服务集团主战略的资本生态，在集团内部，明确不同产业平台的功能定位，构建集团内部资本生态系统。第三，加强资本流转和收益收缴。第四，建立通过资本纽带实施管控的经营模式，集团坚持向"资本投资公司"转型，对所出资企业的管控不断向公司治理模式迁移，减少对企业日常经营的干预，主要通过派出的股权董（监）事管好资本，建立了派出董（监）事库，在所出资企业担任董（监）事职务。

三是要重视公司章程在公司治理中的基础性作用，明晰混改国企治理结构权责界限，并在章程制度上加以规范。要突破"股比限制"，着重引入积极股东参与治理，保障各类资本同股同权，控制权分配公平公正，确保各类产权资本实现有效制衡。要通过持续加强国企党建、完善董事会建设、健全市场化经营机制等手段实现治理机制和混合所有制的有机匹配。

三、落实制度化、清单化，加强党组织"把管促"作用

一是要明确党组织议题范围和职权边界。国企党委履行前置讨论程序，既要避免对企业事无巨细、以党代政式的领导；也要避免片面陷入"党只管党""陪衬决策"

的误区，做到管"大局"而不是管"全局"，做到既不缺位也不越位。在前置讨论过程中，需设计完善落实前置程序的操作化制度，探索建立党委议事决策的事项清单。同时，根据不同事项，根据角色定位不同设计差异化的职责权限。要根据企业党委承担的决策事项，进一步明晰权力形式，探索建立企业党委拥有重大事项决定权、审查权、建议权的议案决策机制。

二是要规范党委前置讨论重大事项的决策程序。要正确处理维护企业党委领导权威与尊重其他治理主体自主决策的关系，既有效维护董事会、经营层对企业重大问题的决策权，又保证党组织意图在企业重大决策中得以体现。要通过界定企业重大事项的决策顺序，形成不同治理主体议事决策的程序闭环。

三是要拓宽党组织参与公司治理，讨论重大事项的组织形态边界。首先就是要通过在基层企业建强战斗堡垒，提升支部行权能力。其次是要梳理基层国企的各项重大经营管理事项的内容，实现精细化、差异化的治理事项划分，建立有关事项清单。最后就是要参考党委（党组）讨论重大事项的议事机制，建立支部议事的有关规则，并做好权限细分，明确不同类别、不同尺度的重大经营管理事项，哪些应当由支部直接进行前置讨论或决策，哪些应向上级党组织汇报。

四、紧抓人员席位、结构构成和行权机制，全面落实董事会职权

国有企业应当持续从结构上优化董事会的人员构成，发挥外部董事的关键作用，不仅是现阶段董事会建设的关键所在，也同样是未来董事会结构优化的重点工作。国有企业要在现有改革成果的基础上，厘清外部独立董事，专职和兼职外部董事之间的差异，做到有效的选人用人，搭建合理的董事会人员和席位结构。

董事会建设和作用发挥应当紧密结合，要建立好如"一票缓决""合议制度""专家咨询机制""独立审慎决策"等发挥外部董事作用的诸多机制，同步做好对外部董事的管理和服务，让外部董事能够人尽其用，实现董事会治理层面上的决策权力制衡。一是按照法律制度规范和企业实际，创新建设董事会专业委员会。具体来说就是在建好法定的战略、提名、薪酬考核、风险审计（合规）委员会的基础上，结合企业发展实际，开展技术创新、经营执行委员会等模式的探索。二是强化董事会办公室的职能，结合外部董事改革、议事规则调整等改革举措，落实好法定的董事会议事要求，做好对董事履职和董事会议事的服务，同时协调好和党组织、经理层会议之间的关系。三是建立好董事会决策支持的机制，打通内外部专家、职能部门等人员、组织对董事会会议决策的信息支持通道，支持董事会科学决策。

五、充分授权经理层开展授权经营，激发微观主体活力

首先，要实现经理层治理的市场化提升。一是要做好顶层设计和治理主体协同，坚持以高度市场化、股权多元化、法人治理完善为引领，指导符合条件的各级企业在契约化改革的基础上，逐步开展职业经理人实践。将职业经理人和国企深改、治理能力现代化的总体改革规划有机融合，全面统筹和协同三项制度改革、市场化经营机制改革等多项综合性改革举措，确保职业经理人制度"以上率下"的引领作用发挥到实处。要以推进公司治理完善和管控优化为重点抓手，为经理层治理提升优先匹配各项治理机制改革手段，如党建和公司治理融合、战略决策型董事会建设、建立总经理负责制、章程制度完善等，促进企业治理现代化。二是要做好干部管理和市场化聘任的融合平衡，建立干部管理机制双循环。要以任期制和契约化管理为"大循环"，做好干部管理+岗位管理，做到管理人员"能上能下"。更要以职业经理人为"小循环"，做好有机补充，实现经理层人才的"市场化进退"。要做到大小循环相互贯通，就是要让业绩优秀，处在市场化前列的契约化干部能够"走出去"，放

弃身份，奔向市场，做出更好的业绩表现，同时也获得超额的绩效激励。对表现尚佳的职业经理人，在其退出时应在企业系统范围内留好通道，允许其在其他契约化经理人岗位上发挥人才的作用，扩大国企干部人才"蓄水池"。随着企业市场化经营机制改革的开展，可以进一步实现内部循环对接外部人才市场，向市场输出有能力、有才干的国企职业经理人，将国有企业特色向人才市场输送，实现更高层面上的国企人才输出和社会责任。三是要抓住经理层"牛鼻子"，将市场化、契约化的文化内涵固化到企业治理的方方面面。要借助契约化管理工作，从经理层身份、岗位、责任层面上与职业经理人全面建立契约，并且要确保契约的刚性执行，将契约管理模式向多层级、多主体延伸，从而将契约精神逐渐深化、固化在企业文化之中。

其次，要落实董事会向经理层的授权。一是要推进岗位管理、授（放）权工作的制度化。建设好岗位说明书、落实授权清单和有关管理办法等制度基础设施，一方面有助于促进职业经理人明确自身权责利关系，另一方面也有助于推进企业管理精细化工作。实现集团和所属企业联动，要先明确集团对企业董事会的战略决策授权，再以此为基础落实董事会对经理层的授权机制，明确授权边界，按照权限保留、限额下授、全权下授的层级机制明确经理层成员的决策权限边界和额度。根据企业和职业经理人经营业绩责任履行情况，建立动态调整机制，做好授权匹配工作。二是要深化推进责任考核工作落地，实现权责利对等。应当严格按照党建责任制、国有企业负责人综合考核管理的有关规定，明确相关事项的责任指标和考核评价的基本机制。同时，还要试点综合考核指标层级分解的有关机制，实现经营业绩考核的管理层级分解思路、精细化思路融入综合考核工作，确保考核基本逻辑和口径一致。要以契约管理为出发点，将综合考核评价融入经营业绩考核之中，实现对经理层的科学评价。三是要强化监管机制，严格把控风险。要强化经理人党的纪律要求，严格遵守"中央八项规定"精神，落实个人有关事项报告制度，建立和完善经理人述职述廉、任职回避等制度，严格党组织的纪律约束。要强化经理人的履职监督，突出党内监督与出资人监督、审计等专业职能部门监督、职工民主监督相结合，完善经理人监督工作体系，建立完善企业违规经营投资责任追究制度。要加强经理人信用管理，依法依规做好经理人信用信息的采集、人事档案管理等。此外，还需要特别注意对经理层履职的监管，从制度上确保集团整体投资经营风险可控。

总的来说，中国特色现代企业制度下国有企业治理体系的建设，就是要从现代企业治理机制出发，在股权治理、法人治理和市场化经营管理三支柱上下大力气，找准未来的发展趋势，瞄准方向，咬定青山，通过机制改革、推进制度创新和开展关键行动持续深入推进治理体制和治理能力的现代化进程。同时，要深刻把握中国特色社会主义最本质的特征，牢记党领导国有企业发展，党的领导融入国企治理的总体要求，把国企党建工作融入治理、经营的方方面面，最终形成特色鲜明，体制完善，机制健全，能力突出的中国特色现代企业治理格局。

后　记

　　从 2018 年开始，在工业和信息化部产业政策与法规司的支持下，中国企业联合会组织开展了"中国企业管理创新年度报告"的研究、编印和发布工作。该报告以每年申报的全国企业管理现代化创新成果候选资料为研究对象，对当年企业管理创新实践特点和趋势进行系统梳理总结，为高等院校、研究机构开展企业管理科学研究提供参考，为广大企业开展管理创新实践提供借鉴。

　　2022 年，中国企业联合会继续组织相关单位开展了《新实践　新功能：中国企业管理创新年度报告（2022）》的研究、编印和发布工作。为进一步提高报告的研究质量，中国企业联合会邀请中国企业管理科学基金会作为联合组织单位，同时邀请中国社会科学院工业经济研究所、清华大学技术创新研究中心、北方工业大学经济管理学院、北京知本创业管理咨询有限公司、中国兵器工业集团人才研究中心、中国船舶集团有限公司综合技术经济研究院等单位专家组成联合课题组，共同开展了2022 年报告的研究和编写工作。课题组历时 10 个月，从理论梳理和企业案例分析两个层面开展了研究编写工作，形成了《新实践　新功能：中国企业管理创新年度报告（2022）》。报告分为总报告和专题报告两部分。总报告全面梳理总结了第 28 届全国企业管理现代化创新成果申报企业的经验材料，重点展示了企业在提质增效、数字赋能、科技创新、服务管理、绿色低碳、人才激励、业务拓展、深化改革、专精特新等领域的最新实践经验和创新特点。专题报告分为企业技术创新管理、企业人力资源管理和中国特色现代企业治理三个专题，以第 28 届全国企业管理现代化创新成果申报企业的相关经验材料为样本，总结分析了这些专题领域的政策背景、典型

后　记

做法、创新特点和发展趋势。

朱宏任常务副会长兼秘书长对报告的研究思路和重点方向提出指导性意见，亲自为本书撰写序；史向辉常务副秘书长具体领导此项工作，审定课题研究方案；张文彬同志具体组织实施该项工作，负责研究团队组建、报告总体框架设计和研究质量把关，并修改审定全部书稿；赵剑波老师负责总报告的研究编写工作，安妍、侯成、孙亚楠、王亮、周蕊、张倩参与总报告的企业调研、课题讨论和研究编写工作；王毅老师负责企业技术创新管理专题报告的研究编写工作，范蕾、梁康、安海涛、常杉、崔奇参与该专题报告的企业调研、课题讨论和部分章节的编写工作；魏秀丽老师负责企业人力资源管理创新专题报告的研究编写工作，杜双、吴琼、张彤、刘云天、李维、周蕊、林晓寒参与该专题报告的企业调研、课题讨论和部分章节编写工作；成方舟老师负责中国特色现代企业治理专题报告的研究编写工作，霍煜杰、杜巧男参与该专题报告的课题讨论、研究编写等工作。根据《新实践　新动能：中国企业管理创新年度报告（2022）》的主要内容，编委会进一步改编形成了本书。

感谢工业和信息化部产业政策与法规司为本报告研究提供的大力支持！感谢中国社会科学院工业经济研究所、清华大学技术创新研究中心、北方工业大学经济管理学院、北京知本创业管理咨询有限公司、中国兵器工业集团人才研究中心、中国船舶集团有限公司综合技术经济研究院等单位的参与和支持！感谢第28届全国企业管理现代化创新成果申报企业提供的实践经验材料！感谢企业管理出版社为本书能够及时出版付出的辛勤劳动！

疏漏之处，在所难免，敬请广大读者批评指正！

编委会
2023年2月